I0759337

Über eine politische Idee kann erst dis-
kutiert werden, wenn sie manifestiert ist.

Unser Europa ist eine Erfolgsgeschichte.
Was wir brauchen, sind der Glaube an,
Erzählungen über und Visionen für un-
ser Europa. Und dann müssen wir nur
noch wollen....

Bibliografische Information der Deutschen Nationalbibliothek:
Die Deutsche Nationalbibliothek verzeichnet diese Publikation in der Deutschen Nationalbibliografie; detaillierte bibliografische Daten sind im Internet über http://dnb.dnb.de
abrufbar.

TWENTYSIX – Der Self-Publishing-Verlag
Eine Kooperation zwischen der Verlagsgruppe Random House und BoD – Books on
Demand

© 2018 Petersen, Jürgen

Herstellung und Verlag:
BoD – Books on Demand, Norderstedt

ISBN: 978 - 3 - 74073156 - 4

Umschlag: NEUE**MEDIEN**GESTALTEN Wilhelmshaven
unter Verwendung der Europaflagge und des EU-Codes von Rem Koolhaas von 2002

Jürgen Petersen

Ein Ortskonvent für Europa

Vom »Weißbuch« der EU
bis zu Prof. Guérots
»Europäischer Republik«

Chronik eines Experiments

Inhalt

Zusammenfassung

Der Ortskonvent »Wilhelmshaven für Europa« war ein überparteilicher Dialog zwischen politisch engagierten Bürgern, die sich von September 2017 bis Februar 2018 an mehreren Abenden mit dem Weißbuchprozess der Europäischen Kommission und den Visionen einer Europäischen Union als Europäische Republik beschäftigten.

Im vorliegenden Buch sind dokumentiert

- das Konvent-Ergebnis als Vision »*Das Europa, das wir wollen*« (in diesem Kapitel),

- die im Konvent behandelten Dokumente, auf die Bezug genommen wird (Grundlagen Teil 1),

- die Beschreibung des Weißbuchprozesses der EU-Kommission mit Inhalt und zeitlichem Ablauf (Grundlagen Teil 2),

- eine Zusammenfassung der Utopie einer Europäischen Republik nach Prof. Ulrike Guérot (Grundlagen Teil 3),

- die Chronik aller Konvent-Sitzungen, mit Medienresonanz und einer weiteren Veranstaltung (Chronik Teil 1 - 9)

- die Chronologie aller Diskurse der Konvent-Sitzungen (Chronik Teil 10),

- zehn wiederkehrende Diskussionen, argumentativ aufbereitet in zehn Abschnitten, als Grundlage zur Formulierung des Konvent-Ergebnisses (Chronik Teil 11),

- die in Form von »Mindmaps« aufbereiteten Reflexionspapiere der EU-Kommission und der Eckpunkte Guérots für eine Europäische Republik; alle Mindmaps dienten als Gerüst für die Diskurse in den Sitzungen (Anhang Teil 1),

- den Wortlaut der Europäischen Säule sozialer Rechte der EU-Kommission (Anhang Teil 2),

- den Wortlaut der Bundestags-Petition Nr. 73232 (Anhang Teil 3),

- die Vorgeschichte des Ortskonvents (Anhang Teil 4) sowie

- eine Statistik über die Zusammensetzung der Teilnehmer des Ortskonvents (Anhang Teil 5).

Der Anlass für das politische Format eines Ortskonventes für Europa war, dass zwar in Wilhelmshaven eine Vielzahl von Veranstaltungen zum Thema Europa in den Jahren 2016 und 2017 stattgefunden hatten, aber meistenteils mit nur sehr geringer Teilnehmerzahl. Am 5. Mai 2017 anlässlich eines Empfangs zum Europatag im Wattenmeerhaus Wilhelmshaven entwarfen der Bereichsleiter Politik der Volkshochschule Wilhelmshaven und der Vorsitzende der Europa-Union, Kreisverband Wilhelmshaven das Dialogformat eines Ortskonventes »*Wilhelmshaven für Europa*« in der Hoffnung, mit der Überparteilichkeit der Volkshochschule eine größere Anzahl von Bürgern in Wilhelmshaven zur Teilnahme an einer Diskussion über die Zukunft Europas zu animieren. Nach positiver Resonanz in der Wilhelmshavener Zeitung am 9. Mai 2017, dem Europatag, wurde der Ortskonvent als überparteiliche Dialogplattform im Volkshochschulprogramm des 2. Semesters 2017 mit der Kursnummer 1721151 als *Ortskonvent Wilhelmshaven für Europa - Vom »Weißbuch« der EU bis Professor Guérots »Europäischer Republik«* aufgenommen. Die Ausschreibung des Kurses und damit die Beschreibung des Konvent-Ziels lautete wie folgt:

Der Ortskonvent »Wilhelmshaven für Europa« ist ein überparteilicher Dialog zwischen politisch engagierten Bürgern, die sich an mehreren Abenden mit dem Weißbuchprozess der EU und den Visionen einer EU als Europäische Republik beschäftigen. Das Ergebnis ist eine schriftliche Plattform/ Dokument, in der Wilhelmshavener ihre Zukunftsvorstellungen und ggf. Vision für ein vereintes Europa zusammentragen. Die Ergebnisse werden am Donnerstag, 01.02.2018 im Vortragsaal der Volkshochschule vorgestellt und zur Veröffentlichung und Weitergabe an Funktionäre/Gremien zur Verfügung gestellt.

Der Konvent trat seit dem 28. September 2017 an insgesamt fünf Abenden zusammen. Am 1. Februar fand die Abschlussveranstaltung mit der Verabschiedung des Ergebnisses und dem Auftrag zum Druck und zur Verteilung des Schlussdokumentes (dieses Buches) statt. Eingebettet in die zeitliche Abfolge war der für jedermann zugängliche Vortrag am 01.11.2017 von Dr. Claas Knoop, Bremen »Zur Lage der Europäischen Union«. Im Rahmen der Diskussion in der vierten Konvent-Sitzung wurde die Bundestags-Petition *»Bundestag-mach´s europäisch«* von den anwesenden Teilnehmern unterschrieben.

An Dokumenten lagen den Konvent-Teilnehmern vor:

- von der Europäischen Kommission das *»Weißbuch zur Zukunft Europas«*, die Reflexionspapiere *»Zur Sozialen Dimension Europas«*, *»Die Globalisierung meistern«*, *»Zur Vertiefung der Wirtschafts- und Währungsunion«*, *»Über die Zukunft der Europäischen Verteidigung«* und *»Über die Zukunft der EU-Finanzen«* (Das Papier zur Zukunft der Europäischen Verteidigung wurde aus Zeitgründen nicht behandelt),

- von der Europäischen Kommission die *»Europäische Säule sozialer Rechte«*,

- von der Jungen Europäischen Bewegung Berlin-Brandenburg die Petition an den Bundestag *»Bundestag-mach´s europäisch«* und

- von Ulrike Guérot das Buch *»Warum Europa eine Republik werden muss! Eine politische Utopie«*, herausgegeben vom Verlag J.H.W. Dietz Bonn.

Das Ergebnis des Konvents ist die Vision **»Das Europa, das wir wollen«,** dokumentiert auf den Folgeseiten.

Das Ergebnis des Konvents ist die Vision

»Das Europa, das wir wollen«

Der Ortskonvent arbeitete entlang den Reflexionspapieren der EU-Kommission, weiteren Dokumenten und den aktuellen Ereignissen in Europa. Er beantwortet die Frage des Kommissionspräsidenten Jean-Claude Juncker *»Welches Europa wollt Ihr?«*[1] mit der Vision *»**Das Europa, das wir wollen**«*. Diese Vision mit ihren zehn Forderungen sowie einem Apell an politische Akteure in Europa ist das Ergebnis des Ortskonvents.

1. Die Mehrheit der Konvent-Teilnehmer will und fordert, dass von den fünf Szenarien des *»Weißbuchs zur Zukunft Europas«*[1] der EU-Kommission das Szenario *»Viel mehr gemeinsames Handeln«* uneingeschränkt umgesetzt wird. Ein Teilnehmer bevorzugt stattdessen das Szenario *»Weniger aber effizienter«*.

2. Die Konvent-Teilnehmer stimmen der Aussage des Kommissionspräsidenten zu: *»Wenn wir das soziale Problem und die Ungleichheiten nicht lösen, fällt die EU auseinander.«* Die Teilnehmer halten es für wichtig, dass das Wohlstandsversprechen der EU an ihre Bürger auch weiterhin und auf Dauer eingehalten wird. Dafür fordern sie einen grundlegenden Wandel der EU-Strukturen und Aufgaben.

3. Die Konvent-Teilnehmer halten die Position der EU-Kommission bezüglich den Auswirkungen der Globalisierung auf ihre Bürger als zu positiv und einseitig aus wirtschaftspolitischer Sicht dargestellt. Die Teilnehmer wollen, dass klarer von denjenigen EU-Bürgern und Regionen gesprochen wird, die keinen Vorteil aus der Globalisierung ziehen, sondern gravierende Nachteile haben. Die Teilnehmer fordern, dass die Kohärenzpolitik der Europäischen Union über die unmittelbaren Grenzregionen hinaus erweitert wird. Sie fordern, dass Bürgern in benachteiligten Regionen ein noch auszugestaltender *»Nachteils-Ausgleich«* zugestanden wird.

4. Die Konvent-Mitglieder widersprechen der EU-Kommission, dass die ganze Sozialgesetzgebung immer in Verantwortung der Nationalstaaten bleiben soll. Sie fordern, dass die *»Europäische Säule sozialer Rechte«*[7] einheitlich für alle EU-27 übernommen und mit einer Übergangsregelung in Kraft gesetzt werden soll. Sie fordern für die Umsetzung viel mehr Entscheidungszuständigkeit bei der Europäischen Union.

5. Die Konvent-Mitglieder wollen und fordern, dass die Maßnahmen aus den Dokumenten *»Zur Vertiefung der Wirtschafts- und Währungsunion«*[4] und *»Über die Zukunft der EU-Finanzen«*[5] sach- und zeitgerecht umgesetzt werden, um mit den Aufgabenänderungen aus den Dokumenten *»Zur Sozialen Dimension Europas«*[2] und *»Die Globalisierung meistern«*[3] Schritt zu halten.

6. Die Mehrheit der Konvent-Mitglieder will, dass die Mitgliedstaaten mittelfristig Verträge, Strukturen und die Aufgabenteilung mit der EU-Kommission wesentlich verändern. Die derzeitige Handlungsvollmacht der Kommission ist zu gering, um die für die Einlösung des Wohlstandsversprechens notwendigen Maßnahmen umzusetzen. Die Mitgliedstaaten wahren zu sehr ihre nationalen Interessen, als dass

---

1), 2), 3), 4), 5), 7) siehe *»Verwendete Dokumente«* Seite 5

sie die Maßnahmenpakete der EU-Kommission, beschrieben in den Reflexionspapieren, weitgehend unterstützen. Die Konvent-Teilnehmer stufen deshalb die gewählte Lösungsstrategie der EU-Kommission als unglaubwürdig ein. Daraus leitet der Konvent die Forderung ab, mehr gesamteuropäische Entscheidungszuständigkeit von den nationalen Staaten auf die EU-Ebene zu übertragen, um einheitliche Entscheidungen der EU-27 für alle EU-27 herbeiführen zu können.

7. Die Mehrheit der Konvent-Teilnehmer tritt der Aussage entgegen, man mache es sich zu leicht, die Maximallösung »*Viel mehr gemeinsames handeln*« zu fordern, denn, so die Aussage, die Maximallösung hätte keine Chance auf eine Mehrheit. Vielmehr geht es der Mehrheit der Teilnehmer darum, dass über die gegenwärtige Struktur- und Aufgaben-Konstellation von EU-Kommission und nationalen Mitgliedstaaten hinausgedacht wird. Das Thema des Ortskonvents »*Vom Weißbuch der EU bis zu Prof. Guérots Europäischer Republik*« macht es erforderlich, dass im Konvent die Grenze des »*gerade noch für Machbar*« Gehaltenen überschritten wird.

8. Die Konvent-Teilnehmer begrüßen mehrheitlich die Utopie einer Europäischen Republik nach Prof. Guérot[8]. Sie unterstützen weitestgehend die Merkmale der Utopie mit einer Ausnahme[9]. Sie begrüßen die Verabschiedung der »Europäischen Säule sozialer Rechte«[7] durch den Europäischen Rat, und fordern, dass aus den Grundsätzen europäisches Recht im Sinne gleichen Rechts für alle EU-Bürger wird und es nicht den nationalen Mitgliedstaaten überlassen bleibt, ob und wie sie die Grundsätze in nationales Recht umwandeln.

9. Die Konvent-Teilnehmer erörterten die Position eines Mitglieds, dass die Utopie einer europäischen Republik undurchführbar bleibe, weil jede Überarbeitung des Lissabon-Vertrages unerreichbar sei. Sie erörterten auch die Position eines Mitglieds, dass der soziale Friede in Deutschland gefährdet sein könne bei einer Verringerung des Lebensstandards in Folge der EU-weiten Angleichung der sozialen Rechtssetzung. Die Mehrheit ist der Meinung und fordert: Will man die EU erhalten, dann muss gehandelt werden, und zwar über die als Machbar erscheinenden Optionen hinaus. Denn falls sich nichts Grundlegendes verändert, könne der Lebensstandard auch in reichen EU-Ländern, also auch in Deutschland, fallen.

10. Die Konvent-Mitglieder erörterten wiederholt ihre Forderung, dass zur Bewältigung der Globalisierung wegen der in EU-Staaten und Regionen unterschiedlichen Vor- und Nachteile ein »Nachteils-Ausgleich« erforderlich ist. Die Mehrheit der Mitglieder geht diese Gedankenrichtung weiter und fordert die Einigkeit, die Einheit und die Gleichheit in Europa. Sie fordern die zugehörenden Struktur- und Aufgabenveränderungen. Es sind also geeignete Strukturen zu schaffen, die mit entsprechenden Fristen und Regelungen den Umbau in der Europäischen Union abfedern und den politischen Übergang regeln.

Alle Konvent-Mitglieder stimmen der Vision »**Das Europa, das wir wollen**« zu und appellieren an alle politischen Akteure, diese umzusetzen: Schaffung EU-weiter Lösungen für Wahlrechtsgleichheit, Steuergleichheit und Sozialrechtsgleichheit; Schaffung gesetzlicher Grundlagen sowie Übergangsregelungen, um unzumutbare Härten abzufedern. *Dieses Europa wollen wir*!

---

7), 8), 9) siehe »*Verwendete Dokumente*« Seite 5

Im Ortskonvent verwendete Dokumente

(Die den Dokumenten vorangestellten Ziffern entsprechen den Angaben in den
Fußnoten einiger Kapitel und Abschnitte.)

Folgende Dokumente der Europäischen Kommission zum Weißbuchprozess wurden
zum Konvent herangezogen:

1. »Weißbuch zur Zukunft Europas Die EU der 27 im Jahr 2025 - Überlegungen und
    Szenarien«, Europäische Kommission COM(2017)2025, 1. März 2017
2. »Reflexionspapier zur Sozialen Dimension Europas«, Europäische Kommission
    COM(2017)206 vom 26. April 2017
3. »Reflexionspapier Die Globalisierung meistern«, Europäische Kommission COM
    (2017)240 vom 10. Mai 2017
4. »Reflexionspapier zur Vertiefung der Wirtschafts- und Währungsunion«, Europäi-
    sche Kommission COM(2017)291 vom 31. Mai 2017
5. »Reflexionspapier über die Zukunft der Europäischen Verteidigung«, Europäische
    Kommission COM(2017)315 vom 07. Juni 2017
6. »Reflexionspapier über die Zukunft der EU-Finanzen«, Europäische Kommission
    COM(2017)358 vom 28. Juni 2017

Die Dokumente 1 bis 4 und 6 der Europäischen Kommission wurden während des
Konvents inhaltlich bearbeitet. Sie lagen den Konvent-Teilnehmern als Drucksache der
Europäischen Kommission vor.

Folgende weitere Dokumente wurden zum Konvent herangezogen:

7. »Die europäische Säule sozialer Rechte in 20 Grundsätzen dargestellt«; Europäi-
    sche Kommission, https://ec.europa.eu/commission/priorities/deeper-and-fairer
    -economic-and-monetary-union/european-pillar-social-rights/european-pillar-
    social-rights-20-principles_de, zuletzt am 02.02.2018
8. Ulrike Guérot »*Warum Europa eine Republik werden muss! Eine politische Utopie*«, Verlag
    J.H.W. Dietz Nachf. GmbH Bonn 2016 ISBN 978 - 3 - 8012 - 0479 - 2
9. Ulrike Guérot »*Warum Europa eine Republik werden muss! Eine politische Utopie*«, S. 120
    »*... bedingungsloses Grundeinkommen ...*«
10. »*Bundestag mach´s europäisch - Für mehr europäische Demokratie*«, Junge Europäische Be-
    wegung Berlin-Brandenburg, https://machs-europaeisch.eu/de/, zuletzt am
    02.02.2018

Der Weißbuchprozess

Am 1. März 2017 gab die Europäische Kommission unter COM(2017)2025 das *»WEISSBUCH ZUR ZUKUNFT EUROPAS - Die EU der 27 im Jahr 2025 - Überlegungen und Szenarien«* heraus. Der Kommissionspräsident Jean-Claude Juncker führt im Vorwort aus: *»Das Weißbuch ist der Beitrag der Europäischen Kommission zu (einem) neuen Kapitel des europäischen Projekts. Wir wollen einen Prozess anstoßen, in dem Europa selbst darüber entscheidet, welchen Weg es künftig einschlagen wird. Wir wollen die vor uns liegenden Herausforderungen und Chancen skizzieren und darlegen, wie wir uns auf eine gemeinsame Antwort verständigen können.«*

Der Weißbuchprozess bezeichnet den Zeitraum von der Präsentation des Weißbuchs im März 2017 bis zu den Wahlen zum Europäischen Parlament im Juni 2019 und umfasst (Stand Februar 2018) folgende Termine und Handlungen:

März 2017
→ Weißbuch der Kommission zur Zukunft Europas
→ Europäischer Rat / Treffen der EU-27
→ Gipfel in Rom zum 60. Jahrestag der Römischen Verträge

April 2017
→ Europäische Säule der sozialen Rechte, begleitet von Initiativen zum Zugang zu sozialem Schutz, zur Neufassung der Richtlinie über schriftliche Erklärungen, zur Umsetzung der Arbeitszeitrichtlinie und zur Vereinbarkeit von Berufs- und Privatleben für Erwerbstätige mit Familie
→ Reflexionspapier der Kommission zur Sozialen Dimension Europas
→ Außerordentlicher Europäischer Rat

Mai 2017
→ Reflexionspapier der Kommission Die Globalisierung meistern
→ Reflexionspapier der Kommission zur Vertiefung der Wirtschafts- und Währungsunion
→ G7-Gipfel, Taormina, Italien

Juni 2017
→ Reflexionspapier der Kommission über die Zukunft der Europäischen Verteidigung
→ Konferenz zur Sicherheit und Verteidigung in Prag, Tschechische Republik
→ Europäischer Rat
→ Reflexionspapier der Kommission über die Zukunft der EU-Finanzen

Juli 2017
→ G20-Gipfel, Hamburg, Deutschland

September 2017
→ Rede von Präsident Juncker zur Lage der Union 2017

Oktober 2017
→ Europäischer Rat

November 2017
→ Sozialgipfel in Göteborg, Schweden

Dezember 2017
→ Europäischer Rat

Juni 2019
→ Europawahlen

Die Guérot´sche Utopie

Die Politikwissenschaftlerin Prof. Dr. Ulrike Guérot veröffentlichte 2016 im Dietz-Verlag, Bonn, ihr Buch »*Warum Europa eine Republik werden muss! Eine politische Utopie*«[8].

Nachstehend sind, mit Genehmigung der Autorin und des Verlages, auf dieser Seite einige Auszüge aus der »*Vorbemerkung*« (Seite 14-16) abgedruckt.

Das Ziel meines Vorhabens ist, einen konzeptionellen Rahmen zu entwickeln, um ein kohärentes, europäisches Einigungsprojekt jenseits von Nationalstaaten herzustellen, das sich am ideengeschichtlichen Kulturgut Europas orientiert. Dieses europäische Kulturgut müssen wir wiederbeleben und in die Postmoderne projizieren.

Die vorliegende Utopie ist kein starres Gebilde: ... So soll keine weitere Geschichte einer europäischen Föderalisierung oder Zentralisierung geschrieben werden. Vielmehr soll der Gegenstand, um den es sich hier handelt, nämlich die Idee von Europa als Grenzenlosigkeit, in seiner Vielfalt erfasst werden.

Es geht um die Topologie eines europäischen Ganzen, das die Vielen in allen Einzelheiten, Bedingungen und Modalitäten selbst ausgestalten müssen.

Diese »Vielen« fächere ich in fünf gesellschaftliche Gruppen und Richtungen auf und hoffe, dass meine Utopie vor allem für diese fünf Gruppen und Richtungen anschlussfähig sein wird.

> *... erstens und vor allem, die europäischen Bürger in den heutigen europäischen Regionen und Städten ... Ihnen sind die Kapitel 7 und 8 über eine politische und territoriale Neuordnung Europas gewidmet.*
>
> *Zweitens all jene, die über neue Ökonomien nachdenken, ... Ihnen gilt das Kapitel 9 über eine neue Wirtschaftsordnung Europas, die im Begriff der Republik durch den Verweis auf das Gemeinwohl mit angelegt ist.*
>
> *Drittens die Jugendlichen, um ihnen einen neuen und großen Platz in Europa zu schaffen. (Kapitel 11).*
>
> *Viertens, mit einem Augenzwinkern, die Frauen, denn das Europa von morgen wird auch ... eine Angelegenheit der Frauen sein. ... (Kapitel 10).*
>
> *Fünftens ... die Juristen und Staatsrechtslehrer, denn in Kapitel 6 versuche ich, einen Begriff der Republik zu diskutieren ..., der für die europäische Staatsrechtslehre ideengeschichtlich anschlussfähig sein soll.*

---

8) siehe »*Verwendete Dokumente*« Seite 5

Auf dieser Seite ist, mit Genehmigung der Autorin und des Verlages, ein Auszug aus dem Inhaltsverzeichnis des Buches »*Warum Europa eine Republik werden muss! Eine politische Utopie*«[8] abgedruckt (ohne Seitenangaben; in Klammern Kapitelnummern).

---

8) siehe »*Verwendete Dokumente*« Seite 5

Die folgenden beiden Seiten enthalten eine Zusammenfassung der Guérot´schen Utopie in Form einer Pressemitteilung, datiert vom 12. Februar 2017 an die Wilhelmshavener Zeitung (Verfasser der Mitteilung war der Autor.).

Anlass für die Pressemitteilung war ein WEBINAR an der Volkshochschule Wilhelmshaven am 1. Februar 2017 zum Thema *»Die Europäische Union - Res Publica Europaea? Eine bürgernahe und demokratische Architektur Europas für das 21. Jahrhundert«*, vorgetragen von Frau Prof. Guérot als Livestream im Internet.

WEBINAR Für eine Europäische Republik

Europaexpertin Prof. Guérot zeigt für Dauerkrise der Europäischen Union einen revolutionären Ausweg - Sie nahm die Zuhörer der VHS mit auf eine utopische Zeitreise

»Es gibt derzeit so viele Krisen in der Europäischen Union und jeder weiß, es muss sich etwas ändern. Nur: keiner weiß, wie.« Mit diesen Worten eröffnete Frau Dr. Ulrike Guérot, Universitätsprofessorin für Europapolitik und Demokratieforschung an der östreichischen Donau-Universität Krems, ihren Vortrag, zu hören in den Räumen der Volkshochschule Wilhelmshaven. Zu diesem WEBINAR über Europa hatten die VHS Wilhelmshaven und die Europa-Union Deutschland ... gemeinsam eingeladen. »Eine Krise« fährt Frau Guérot, den Philosophen Antonio Gramsci zitierend, fort, »besteht gerade in der Tatsache, dass das Alte stirbt und das Neue nicht zur Welt kommen kann.« Und die Referentin verspricht, nachfolgend zu zeigen, was sich tun muss, damit wir aus der Dauerkrise herauskommen können. »Ich stelle Ihnen heute die Utopie einer Europäischen Republik vor und nehme Sie mit auf eine Zeitreise in die Zukunft, an deren Ende sich am 9. Mai 2045 die Europäische Republik konstituiert.«

Europa-Expertin Prof. Guérot, die bisher weit über 200 wissenschaftliche Fachartikel, Aufsätze, Buch- und journalistische Beiträge zu Europas Rolle in der Welt und der Rolle Deutschlands in Europa veröffentlicht hat, legte auf lebendige Art dar, wie nachteilig bezogen auf emotionale Wärme der Begriff der Nation gegenüber dem alternativen Begriff der Region sei. Die Nation sei eine abstrakte Vorstellung, wogegen der Region die emotionale Bindung an »Heimat« innewohne. In der Europäischen Union stünden die ihre eigenen Interessen vertretenden Nationen miteinander in Dauerkonkurrenz, Nationen, die alle Republiken seien und die jeweils aus Bevölkerungszentren, Randgebieten und den ländlichen Räumen bestünden. Auffällig sei, dass die Zentren typischerweise von der Beschäftigungslage gut aufgestellt seien, die Randgebiete weniger gut und der ländliche Raum in allen Staaten abgehängt sei, in anderen Staaten teilweise unvorstellbar mehr als in Deutschland. Dort, in den Gebieten hoher Arbeitslosigkeit, seien die Menschen anfällig für populistische Lösungen. Diese regionalen Strukturen gälte es, in Zukunft untereinander gleichberechtigt im politischen Handeln zu repräsentieren.

Die Mehrheit der Menschen in der Europäischen Union seien für ein geeintes Europa, aber nicht für die Institution, als die sich derzeit die EU darstelle. »Wir brauchen«, so Prof. Guérot, »ein anderes Europa, in dem die politische Souveränität ganz anders aufgestellt ist. Ein Europa ohne Nationen, eine Republik, mit der sich alle Menschen in allen Regionen identifizieren können: die Europäische Republik.« Seit 2012 trete sie mit dieser Utopie an die Öffentlichkeit und erläutere sie in Büchern und Vorträgen, auf Diskussionsforen, Seminaren und Kongressen. So hinterlasse sie zum Beispiel auch in Cafés eine eigens von ihr gedruckte Postkarte, die einen Europaflaggen-Entwurf von 2002 des

Niederländers Rem Koolhaas in Form eines Barcodes zeige mit dem Zusatz »The European Republic is under Construction (Die Europäische Nation befindet sich im Aufbau)«.

Die Menschen, die die Postkarten zur Hand nahmen, hätten sich sofort mit diesem Entwurf identifiziert, indem sie die Farben ihres Landes suchten und auch fanden.

Die Referentin bezeichnete die EU-Institutionen als undemokratisch, ein Parlament ohne Initiativrechte für Gesetze, eine Kommission, die keine Regierung sei, und einen Ministerrat, der von nationalen Interessen geleitet wäre. Es gäbe keine Gewaltenteilung und keine richtige Opposition. Dieser EU stellt Prof. Dr. Guérot ihre Utopie gegenüber. »Es müsste doch möglich sein, dass wir eine Europäische Republik gründen, mit einem Europäischen Senat, einem Europäischen Präsidenten in Direktwahl und einem Europäischen Repräsentantenhaus, für welches gälte: eine Frau / ein Mann - eine Stimme.« Mit diesem Grundsatz hätte die derzeit undemokratische Gewichtung einer Wählerstimme über die verschiedenen Nationen, wie sie für das EU-Parlament gälte, ein Ende. Die Gewichtung der ungefähr 50 Regionen, die dann jeweils zwischen 8 und 15 Millionen Stimmen umfassen würden, erfolge im neuen Senat.

Mit Ungeduld warteten die Zuhörer darauf, wie Frau Prof. Guérot den Übergang von heute auf ihr Zieljahr 2045 erläutern würde. »Es ist Zeit«, so die Referentin, »statt der heutigen Nationen ihre Regionen vor dem Recht gleichzustellen. Es ist Zeit, im Gegensatz zu heute für die Regionen die Wahlrechtsgleichheit, die Steuergleichheit und die Sozialrechtsgleichheit, d.h. den gleichen Zugang zu sozialen Rechten, herzustellen.« Dies seien alles Rechte, gegen die sich die Nationen im Rahmen ihrer eigenen Interessen, aber entgegen dem Bürgerwillen, bis heute wehren würden. Guérot weiter: »Will man eine Brücke bauen, dann muss man das Ziel benennen und dann die Pfeiler bauen. Die Pfeiler für die Europäische Republik sind: bis 2025 die Wahlrechtsgleichheit, bis 2035 die Steuergleichheit, und mit der Umsetzung der Sozialrechtsgleichheit rufen wir am 9. Mai 2045 die Europäische Republik aus, eine Republik, die dem Bürger gerecht wird und nicht den nationalen Interessen.« Ja, die Europäische Republik sei bislang utopisch und wäre eine Neugründung. Aber mit dem Zitat von Albert Einstein »Wenn eine Idee am Anfang nicht absurd klingt, dann gibt es keine Hoffnung für sie« forderte die Referentin alle Zuhörer auf, an ihrer Utopie mitzuwirken.

Der Autor bereitete Frau Prof. Guérots Postkarte in deutscher Sprache auf und erweiterte sie um eine Rückseite mit den Eckpunkten der Guérot'schen Utopie. Am 12. Februar 2017 stimmte Frau Prof. Guérot mit nachfolgendem Text der Aufmachung und dem Inhalt zu.

... Ich habe Ihren Text gelesen und die Eindeutschung der Postkarte gesehen: das ist doch ganz prima!
...

Am 22.02.2017 wurde vom European Democracy Lab, deren Gründerin und Direktorin Frau Prof. Guérot ist, angefragt, ob die Postkarte in deren nächstem Newsletter publiziert werden dürfe.

....

Im Namen von Frau Guérot und uns allen hier im European Democracy Lab möchte ich mich nochmal für Ihr Engagement bedanken. Die deutschen Postkarten sind großartig geworden! Wenn wir dürfen, möchten wir diese auch gerne in unserem nächsten Newsletter publizieren, damit mehr Leute dazu Zugang haben.

....

European Democracy Lab e.V. (i.G.)
www.european-republic.eu

Am 23.02.2017 wurde der Veröffentlichung zugestimmt.

Abbildung links: Vorderseite der Postkarte (Originalformat DIN A 6)

Abbildung unten: Rückseite der Postkarte

Chronik September 2017 bis Januar 2018

28. September 2017

Erste Konvent-Sitzung

Der Konvent trifft sich zum ersten Mal (fünf Teilnehmer).

Tagesordnung für den 28.09.2017:
1. Begrüßung durch den Projektleiter Politik der VHS und Erläuterung des Konvent-Zieles
2. Gegenseitige Vorstellung der Teilnehmer
3. Ausgabe von Dokumenten der Europäischen Kommission, die dem Konvent zugrunde liegen
4. Ausblick auf die 2. Konvent-Sitzung am Montag, den 16.10.2017, 19:00 Uhr-21:00 Uhr

Zu 1. Konvent-Ziel
Der Ortskonvent "Wilhelmshaven für Europa" ist ein überparteilicher Dialog zwischen politisch engagierten Bürgern, die sich an mehreren Abenden mit dem Weißbuchprozess der EU und den Visionen einer EU als Europäische Republik beschäftigen. Das Ergebnis ist eine schriftliche Plattform/Dokument, in der Wilhelmshavener ihre Zukunftsvorstellungen und ggf. Vision für ein vereintes Europa zusammentragen. Die Ergebnisse werden am Donnerstag, 01.02.2018 im Vortragsaal der Volkshochschule vorgestellt und zur Veröffentlichung und Weitergabe an Funktionäre/Gremien zur Verfügung gestellt.

Zu 2. Gegenseitige Vorstellung
Die Teilnehmer erklären sich mit der Führung einer anonymisierten Statistik (siehe auch Anhang) einverstanden und geben ihre Erklärungen ab. Sie tauschen sich im Gespräch über ihre persönlichen Vorstellungen und Ziele aus.

Zu 3. Ausgabe von Dokumenten
(siehe »*Verwendete Dokumente*«): Das Weißbuch und die Reflexionspapiere der EU-Kommission werden ausgegeben. Frau Prof. Ulrike Guérots Buch »*Warum Europa eine Republik werden muss! Eine politische Utopie*« wird vorgestellt.

Zu 4. Ausblick
Die weitere Vorgehensweise wird vereinbart.

16. Oktober 2017

Zweite Konvent-Sitzung

Der Konvent trifft sich zum zweiten Mal (vier Teilnehmer).

Tagesordnung für den 16.10.2017:
1. Begrüßung und gegenseitige Vorstellung der Teilnehmer / Statistik
2. Wahl eines Versammlungsleiters / Organisation / Regeln / schriftliche Dokumentation
3. Status Weißbuchprozess
4. Diskussionspapiere Globalisierung und Soziale Dimension: Inhalt / Fragen / Stellungnahmen
5. Ausblick auf die 3. Konvent-Sitzung am Donnerstag, den 26.10.2017, 19:00 Uhr-21:00 Uhr

Zu 2. Regeln

Die Teilnehmer einigen sich darauf, dass die vom Autor aus den Reflexionspapieren zusammengestellten MINDMAPS (siehe Anhang) den Arbeitsstil bestimmen und die inhaltliche Arbeit strukturieren sollen. Die von den Teilnehmern auf der Basis der Dokumente initiierten Fragen werden in der jeweiligen Mindmap dokumentiert, von den Teilnehmern diskutiert und daraus Stellungnahmen formuliert.

Zu 3. Der Weißbuchprozess

Alle Reflexionspapiere liegen vor. Es laufen vielerorts Diskussionen, so auch bei uns in Wilhelmshaven. Die Rede von Präsident Juncker zur Lage der Union hat stattgefunden. Ein Schwerpunkt ist, dass alle 27 Mitgliedstaaten an den EURO herangeführt werden sollen. Am 19. / 20. Oktober (diese Woche) wird der Europäische Rat tagen. Zusammen mit der Kommission bereitet die schwedische Regierung einen Sozialgipfel zum Thema faire Arbeitsplätze und Wachstum vor, der am 17. November 2017 in Göteborg stattfinden soll. Es gibt eine aktuelle Information (Süddeutsche Zeitung vom 13.10.2017): Die Europäische Staaten verfolgen von 2020 an den Missbrauch von EU-Geld in einer Gemeinsamen Staatsanwaltschaft.

Zu 4. Diskussionspapier »*Die Globalisierung meistern*« Fragen und Antworten

Diskurs 2.1 (2. Sitzung, 1. Diskurs) Warum hat die EU-Kommission den Diskurs zur Globalisierung angestoßen?

Die Antwort wurde aus dem FAZIT des Reflexionspapiers abgeleitet: »*Unsere Bürgerinnen und Bürger erwarten klare Antworten, wie EU-Administration und nationale Regierungen zur Bewältigung der Zukunft im Allgemeinen und der Globalisierung im Besonderen zusammenarbeiten. Nur wenn Europa weiß, wo es hinwill, kann es seinen Beitrag zu einer besseren Welt für alle leisten.«*

Geht es also um die Zusammenarbeit der EU-Administration mit den nationalen Regierungen? Antwort: Ja.

Geht es »nur« um die Bewältigung der Zukunft/der Globalisierung? Antwort: Nein, es geht auch um die Strukturen für Zusammenarbeit und Entscheidungen der EU. Die Globalisierung können wir nur bewältigen, wenn die EU und die nationalen Regierungen stärker zusammenarbeiten.

Halten wir (Teilnehmer des Ortskonvents) so eine Entwicklung für realistisch? Antwort: Nein. Wenn vieles mehr (an politische Entscheidungen) von der EU entschieden werden würde (wie wir uns das wünschen), dann könnte ein übergeordnetes parlamentarisches Gremium geschaffen werden, das viele Entscheidungen bei den Nationalstaaten überflüssig macht. Das ist dann einheitlich. **Daraus leitet der Konvent die Forderung ab: Wir fordern mehr Entscheidungszuständigkeit auf EU-Ebene, und damit weniger auf Nationalstaatenebene, damit es einheitliche Entscheidungen für alle 27 gibt.**

Diskurs 2.2 <u>Bestandsaufnahme Globalisierung: ... positive Kraft und Herausforderung</u>
Wer oder was ist *»Die Globalisierung«* und wer oder was treibt sie an? Antwort: *»Wir«.*, die Kunden mit der großen Nachfrage und Befriedigung der Bedürfnisse für möglichst wenig Kosten, treiben die Globalisierung mit an. Die Auswüchse sind sowohl in Europa als auch außerhalb von Europa zu sehen (Afrika, Asien, ...). Sind die Vorteile zwischen Bevölkerungsgruppen und Regionen der EU-Staaten ungleich verteilt? Antwort: Ja, und das treibt die EU-Kommission an zu ihren Reflexionspapieren *»Globalisierung«.* und *»Soziale Dimension«.*

Von welchen *»aktiven Maßnahmen«* ist die Rede, die als *»Weitere aktive Maßnahmen«* ergriffen werden müssen, damit die Globalisierung nicht die Auswirkungen des technischen Fortschritts und der jüngsten Wirtschaftskrisen verschärft und damit zur weiteren Zunahme der Ungleichheiten und zur sozialen Polarisierung beiträgt? Antwort aus dem Text des Reflexionspapiers: *»Viele Bürgerinnen und Bürger sind der Ansicht, dass die Globalisierung ihre Identität und ihre Traditionen und Lebensweisen unmittelbar bedroht – zum Schaden der kulturellen Vielfalt. Sie haben Angst, die Kontrolle über die eigene Zukunft zu verlieren, und glauben, dass die Aussichten für ihre Kinder schlechter sein werden als für sie selbst. Grund dafür ist die Auffassung, dass die Regierungen die Kontrolle verloren haben und nicht mehr willens oder in der Lage sind, die Globalisierung zu gestalten und ihre Auswirkungen so zu steuern, dass alle davon profitieren. Dies ist die politische Herausforderung, die wir nun angehen müssen.«* Im Endeffekt bedeutet das, dass wir dringlich etwas tun müssen.

Wie kann man die Tatsache, dass in praktisch allen Bereichen, in denen es zu Veränderungen kommen wird (Verkehr, Energie, Agrar- und Lebensmittelsektor, Telekommunikation, Handel, Finanzdienstleistungen, Produktion, Gesundheitswesen) Regierungshandeln gefragt ist, wie kann man diese Tatsache in ein kurzes Statement fassen, wer (EU-Kommission? nationale Regierungen?) auf welche Art (wie?) diese Veränderungen politisch zu bewältigen hat? Antwort: Dazu bedarf es eines politischen Gremiums auf EU-Ebene, das Entscheidungen für die Gemeinschaft tätigen kann. Dies führt zur selben Forderung wie im Diskurs 1.1: **Wir fordern mehr Entscheidungszuständigkeit auf EU-Ebene, und damit weniger auf Nationalstaatenebene, damit es in dieser Breite einheitliche Entscheidungen für alle 27 überhaupt geben kann.**

Diskurs 2.3 <u>Zukunft des erfolgreichen politischen Handelns</u>

Gibt es einen Zusammenhang zwischen dem erfolgreichen Bewältigen der vor uns liegenden, alle Lebensbereiche umfassenden Veränderungen und der gegenwärtigen Aufteilung für politisches Handeln zwischen EU-Kommission/EU-Institutionen und den nationalen Regierungen? Antwort: Das funktioniert nur, wenn mehr koordiniert einheitlich miteinander passiert.

Wenn man den Textabschnitt »*Europas Antwort nach innen*« betrachtet, gibt es da zu den aufgezählten Punkten Auffälligkeiten? Antwort: Es ist detailreich dargestellt, was es alles gibt, aber die EU hat dafür nicht die Zuständigkeit. Somit kann die EU-Kommission gegenüber dem Status Quo nur die gewünschte Weiterentwicklung des Bestehenden aufführen/formulieren, aber in diese Richtung ergebnisorientiert handeln kann sie kaum, weil die Nationalstaaten das nicht zulassen würden.

Diskurs 2.4 <u>Umverteilungsmaßnahmen / die Soziale Frage der Globalisierung</u>

Die EU-Kommission drückt dieses Thema positiv aus und stellt es in den Zusammenhang mit der Wirtschaftspolitik. Es heißt im Text: »*Stärkung der Widerstandsfähigkeit durch bessere Verteilung der Vorteile und Förderung der Wettbewerbsfähigkeit auf lange Sicht. Eine tragfähige Sozial- und Bildungspolitik ist entscheidend für die Stärkung der Widerstandsfähigkeit und eine faire Wohlstandsverteilung ... Ein Schlüssel zur Teilhabe ist lebenslanges Lernen. Ein moderner und funktionierender Arbeitsmarkt sollte den Zugang zum Arbeitsmarkt für alle verbessern. Die EU und ihre Mitgliedstaaten sollten heute ihre Sozialpolitik weiterhin eng abstimmen, wobei die EU auch nationale und lokale Bildungsinitiativen unterstützen könnte. Der Fonds für die Anpassung an die Globalisierung unterstützt Arbeitnehmer, deren Arbeitsplätze weggefallen sind, dabei, eine neue Beschäftigung zu finden oder sich selbstständig zu machen.*«

Frage: Hat die Ziffer 4.3.1 »*Voraussetzungen für die Umverteilung*«. ein anderes Gewicht als die anderen Punkte? Könnte dies der Übergang zur Sozialen Dimension sein? Kann man hier einen Zusammenhang zur Guérot´schen Utopie der 55 Regionen herstellen? Antwort: Leider nein, vor allem nicht direkt, obwohl man den Zusammenhang erkennen kann. Auf Seite 19 rechts oben heißt es dazu: »*Umverteilungsmaßnahmen, die sicherstellen, dass die Vorteile allen zugutekommen, setzen umfassende staatliche Investitionen voraus, die wiederum bei einer gesunden und wettbewerbsfähigen Wirtschaft finanziert werden können.*«

Das Wort »*Umverteilung*« ist die Soziale Dimension. Es wird von einer tragfähigen Sozial- und Bildungspolitik gesprochen (Seite 18 links oben). Die Konvent-Teilnehmer sind sich einig, dass klarer von denjenigen EU-Bürgern und Regionen gesprochen werden muss, die keinen Vorteil aus der Globalisierung ziehen können, sondern nur Nachteile haben. Die Teilnehmer fordern, dass diesen ein sogenannter »*Nachteils-Ausgleich*« zugestanden wird.

Diskurs 2.5 <u>Sind »*intelligente Regulierung*« (hin zur Vereinfachung) und »*Besteuerung*« (von heute *ungleich* hin zu in Zukunft *gleich*) wichtige politische Handlungsfelder?</u>
Die Europäische Kommission arbeitet im Rahmen ihrer Agenda für eine bessere Rechtsetzung daran, die Unternehmenstätigkeit zu erleichtern und weniger kostspielig zu machen, indem sie die Rechts- und Verwaltungsvorschriften auf EU-Ebene vereinfacht. Antwort aus Text Seite 21 »Regulierung und Besteuerung«: »*Neue Geschäftsmodelle sollten die unternehmerische Dynamik fördern und gleichzeitig für faire Wettbewerbsbedingungen sorgen. Auf allen Ebenen der Politikgestaltung ist sicherzustellen, dass das Regelungsumfeld einfach und unternehmerfreundlich, insbesondere KMU-freundlich, ist. Damit ist weder eine Deregulierung noch ein Wettlauf nach unten gemeint, sondern eine intelligente Regulierung. Gleichzeitig gilt es für die Regierungen zu gewährleisten, dass ihre Steuerpolitik vor dem Hintergrund der Digitalisierung und neuer Geschäftsmodelle auch weiterhin greift und die Unternehmen ihre Steuern dort zahlen, wo ihre Gewinne tatsächlich anfallen.*« Antwort der Teilnehmer: Ja, »*Intelligente Regulierung*« und »*Besteuerung*« sind für die EU-Kommission wichtige politische Handlungsfelder.
Für die Teilnehmer steht neben diesen unternehmerischen Feldern aber auch die Sozialen Dimension des »*Nachteils-Ausgleichs*«. Vergleiche dazu auch Frau Prof. Guérots Forderung nach Steuergleichheit (bis 2035).

Diskurs 2.6 <u>Zu »*in Zukunft sind weitere Anstrengungen erforderlich*« und »*die EU sollte wieder gleiche Wettbewerbsbedingungen herstellen*«</u>
Text aus FAZIT Seite 23: »*Die EU sollte zu einem innovativen und wettbewerbsfähigen Wirtschaftsraum werden, mit weltführenden Spitzenunternehmen und Bürgerinnen und Bürgern, die in der Lage sind, sich an den Wandel anzupassen und jenen Wohlstand zu erwirtschaften, den wir für den Erhalt unseres Sozialmodells benötigen.*«
Reicht auf diesem Gebiet die gegenwärtige Handlungsfähigkeit der EU-Institutionen aus, um dies zu bewältigen? Die EU-Kommission gibt dazu selbst eine Antwort: »*Die EU-Institutionen können dies jedoch nicht alleine schaffen; dieser Aufgabe müssen sich die EU und ihre Mitgliedstaaten gemeinsam stellen. Für die meisten wichtigen politischen Instrumente sind die nationalen Regierungen zuständig. Regionen, Städte und ländliche Gebiete werden sich gleichermaßen anpassen müssen. Dabei kann und wird sie die EU mit ihren Hilfsmitteln unterstützen.*«
Frage: Ist die Handlungsrichtung glaubhaft mit den jetzigen EU-Strukturen? Antwort der Konvent-Teilnehmer: Die beschriebenen/im Konvent besprochenen »*Maßnahmen*« müssen passieren, um die Probleme der Globalisierung in der Zukunft zu bewältigen (Schere zwischen Vorteilen/Nachteilen für Bürger/Regionen), aber in der jetzigen Struktur der Nationalstaaten mit EU-Kommission ist das nicht zu erreichen.

Diskurs 2.7 <u>Welche Bedeutung haben die Reflexionspapiere der EU-Kommission für die Zukunftsentwicklung gegenüber der Bedeutung der Guérot´schen Utopie für die Zukunft? Diskussion einer Analyse mit Abgrenzung</u>
Die Teilnehmer diskutieren und interpretieren: Was liegt uns mit den Diskussionspapieren der EU-Kommission eigentlich vor? Und was bedeutet dem gegenüber Guérots Utopie einer Europäischen Republik? Ergebnis: Die Dokumente der EU-

Kommission sind eine Analyse von Vergangenheit und Gegenwart und darauf aufgesetzt eine Extrapolation, was im Rahmen der Kompetenzen der Kommission von dieser erreichbar ist. Gleichzeitig fordert die EU-Kommission die nationalen Mitgliedstaaten im Rahmen ihrer nationalen politischen Verantwortung zum Handeln auf.

Demgegenüber ist die Guérot´sche Utopie zwar auch eine Analyse von Vergangenheit und Gegenwart, mit weit zurück reichender Interpretation der Vergangenheit. Aber Guérot stellt eine Idee in den politischen Raum und formuliert sie aus. Damit, und erst damit, kann die Idee als Utopie oder als Vision diskutiert, umgesetzt, teilweise umgesetzt oder verworfen werden. Über eine politische Idee, so stellen die Teilnehmer fest, kann erst diskutiert werden, wenn sie formuliert und manifestiert ist.

Für die Zukunft verlässt Guérot die politische »Schiene« von EU-Institutionen mit deren gegenwärtigen Kompetenzen und derzeit geltenden nationalen Zuständigkeiten. Nicht das, was »erreichbar« erscheint, wird von ihr gedacht und diskutiert, sondern die sozio-rechtliche Ganzheit einer Europäischen Republik, wodurch das »Herausspringen« aus der gegebenen und eingefahrenen politischen Schiene Neues überhaupt erst möglich werden lässt.

Ohne Guérots Utopie und Aufforderung zum Denken würden wegen der selbstauferlegten Bindung an die gegenwärtige Schiene mit dem Europäischen Zug in seiner derzeitigen Verfassung größere Veränderungen schon gleich im Keim erstickt. Dieses, davon ist die Mehrheit der Konvent-Teilnehmer überzeugt, ist das, was auch die EU-Kommission, was Jean-Claude Juncker, gerade nicht wollen.

26. Oktober 2017

Dritte Konvent-Sitzung

Der Konvent trifft sich zum dritten Mal (vier Teilnehmer).

Tagesordnung für den 26.10.2017:
1.   Begrüßung / Status Konvent / Statistik
2.   Status Weißbuchprozess
3.   Diskussionspapier Soziale Dimension: Inhalt / Fragen / Stellungnahmen
4.   Ausblick auf die 4. Konvent-Sitzung am Donnerstag, den 23.11.2017, 19:00 Uhr-21:00 Uhr

Zu 1. Status Konvent

Ein (Zwischen-)Bericht zum Ortskonvent ging am 17. Oktober an die Wilhelmshavener Zeitung.

Der im Zusammenhang mit dem Weißbuchprozess geplante Vortrag von Dr. Claas Knoop, Bremen, »*Zur Lage der Europäischen Union*« findet am 01.11.2017 um 18:30 Uhr in der Volkshochschule statt. Die Wilhelmshavener Zeitung hat am 26. Oktober 2017 den Vortragsabend in der Volkshochschule als einen Vortrag zur Zukunft Europas angekündigt.

Eine elektronische Nachricht eines der Konvent-Mitglieder liegt mit Datum vom 23.10.2017 vor. Der Inhalt der Nachricht ist unter Diskurs 3.2 abgehandelt.

Zu 2. Der Weißbuchprozess

Verändert beziehungsweise neu seit der letzten Sitzung ist: Am 19./20. Oktober tagte der Europäische Rat. Es gibt dazu eine aktuelle Information (Wilhelmshavener Zeitung vom 24.10.2017) mit dem Inhalt, dass eine Veränderung der Entsenderichtlinie von 1996 vom Europäischen Rat verabschiedet wurde. Die Bestätigung durch das Europäische Parlament steht noch aus.

Zu 3.: Diskussionspapier »*Zur Sozialen Dimension Europas*« Fragen und Antworten

Diskurs 3.1 Entsenderichtlinie vom Europäischen Rat novelliert.

Frage: Löst die neue Richtline das Problem? Antworten von verschiedenen Kommentatoren der Druckmedien wurden erörtert. Kommentator a) Nur zum Teil, ist aber besser, als »*so weiter*«. Kommentator b) Die Freizügigkeit in der EU wird ersetzt durch die neue Grundregel »*Gleicher Lohn für gleiche Arbeit am selben Ort*«. Kommentator c) Aufgrund des Gefälles in den Nationalstaaten ist das Problem gar nicht lösbar. Kommentator d) Die Drecksarbeit bei uns machen die Wanderarbeiter. Kommentator e) Wegen des niedrigen sozialen Standards wird die neue Regel für eine Seite immer ungerecht erscheinen.

Frage im Konvent: Ist die Nationalstaatenstruktur ein Problem? Die Teilnehmer sind gespannt, was Dr. Knoop in seinem Vortrag am 1.11. dazu sagen wird.

Diskurs 3.2 <u>Erörterung der schriftliche Stellungnahmen eines Konvent-Mitglieds in Abwesenheit</u>

Ein Konvent-Mitglied stellt - in Abwesenheit per Mail vom 23.10.2017 - auf der Grundlage der Diskussion der zweiten Konvent-Sitzung für sich fest: *»Wenn man, wie die Teilnehmer des Konvents, positiv zur EU steht, kann man sich die Sache leicht machen und die Variante mehr EU fordern. Die Maximallösung hat aber keine Chance eine Mehrheit zu gewinnen. Einige Unterziele werden auch nicht zu erreichen sein. Dies gilt gerade für den Finanzsektor, worüber wir noch sprechen werden. Alternativ müssten wir daher darüber sprechen, wie ein Plan B aussehen könnte, oder wollen wir nur ein Signal für mehr Europa absenden?«*

Antwort der anderen Teilnehmer: Was wir machen, das ist, erst einmal gedanklich eine eigene Form der Utopie zuzulassen, d.h. es soll kein Plan A oder B sein, sondern eine Vision. Vor allem wollen wir die Frage des Weißbuchprozesses der EU-Kommission ernst nehmen, welche lautet *»Welches Europa wollen wir / wollen Sie?«*.

Des weiteren verweisen die anwesenden Konvent-Mitglieder auf den Diskurs 2.7. Die vorliegende schriftliche Stellungnahme zeigt die in der vorangegangenen Sitzung schon betrachtete »selbstauferlegte Bindung« an die gegenwärtige politische Struktur und Verträge.

Die Anwesenden sind weiterhin der Meinung: Dieser Ortskonvent trägt genau das im Titel, was die Konvent-Mehrheit will, nämlich ein Denken und Diskutieren nicht in der gegenwärtigen Schiene, sondern über den Weißbuchprozess hinaus bis zum Denken über die Möglichkeit einer Europäischen Republik.

Diskurs 3.3 Reflexionspapier *»Zur Sozialen Dimension«*

Das Papier zeigt auf, *»… wo wir herkommen, wo wir stehen und wie unsere Zukunft aussehen könnte. Es geht auf die Unterschiede zwischen den Ländern und Regionen ein, aber auch auf die Herausforderungen, die es gemeinsam zu bewältigen gilt.«*

Frage: Sind diese Unterschiede und die *»gemeinsamen Herausforderungen«* mit den gegenwärtigen EU-Strukturen glaubhaft zu bewältigen? Und ist das (vielleicht) die »Gretchenfrage« der gesamten Diskussion?

Text Seite 6f: *»Der Begriff „soziales Europa" hat für die verschiedenen Teile der Gesellschaft eine unterschiedliche Bedeutung und Tragweite.«*

Frage: Was verstehen wir darunter? Antwort: Das Stichwort Sozialdumping wird durch die Realität um die Entsenderichtlinie bestätigt. Die soziale Dimension, wie wir sie sehen, ist nicht vorhanden und muss erst eingebracht werden. Text des Papiers: *»Was viele EU-Bürger befürchten, ist, dass sich auch in Zukunft nichts zum Positiven bewegt.«*

Die nachfolgende Meinung ist aus dem Text des Reflexionspapiers invertiert: Wird die Angleichung bei der Wirtschaftsleistung im Laufe der Zeit nicht durch eine Angleichung der sozialen Bedingungen ergänzt, so nimmt die Angst vor »Sozialdumping« zu und die Unterstützung für den Binnenmarkt wird geschwächt. Frage: Stimmen wir dieser Aussage zu? Die anwesenden Mitglieder stimmen dem auf Basis der bisherigen Diskussion zu.

Diskurs 3.4 <u>Soziale Realität</u>

Text des Reflexionspapiers: »*Trotz großer Gemeinsamkeiten unterscheiden sich Bildung und Gesundheit, Beschäftigungsmuster, Löhne und Gehälter, Einkommen und Sozialsysteme nach wie vor stark. In Europa ging es immer um die Angleichung der Lebensstandards auf einem höheren Niveau. In den letzten Jahren hat sich dies jedoch erheblich verlangsamt, während die Leistungsstärksten schneller vorankommen.*«

Frage: Trauen wir der gegenwärtigen EU-Organisation glaubhaft zu, dass sie die Ungleichheiten aufzulösen vermag? Oder wird der Angleichungsprozess nicht faktisch zum Stillstand kommen, weil es ja jetzt schon nicht mehr weitergeht? Siehe auch »*aufgeführte Beispiele*«.

Eine Antwort darauf ist: »*… aber die EU-Administration hat das Problem doch erkannt und tut ihr Bestes, um das zu ändern.*« Eine zweite Antwort ist: »*Egal, wie sehr sich die EU-Administration anstrengt, die gegenwärtige Struktur Mitgliedsstaaten (national) und EU-Kommission (wie heute) kann das gar nicht hervorbringen.*«

Siehe aber auch weiter hinten im Text: »***Die EU-Kommission stellt fest, dass sie und die Nationalstaaten im Konsens sind, dass die ganze Sozialgesetzgebung immer in Verantwortung der Nationalstaaten bleiben soll.***«

Diskurs 3.5 »*<u>Ansätze für die Zukunft (Optionen)</u>*«

Text Seite 25: »*Der Logik des Weißbuchs gemäß gibt es auch für die soziale Zukunft Europas mehrere Optionen: A) Begrenzung der „sozialen Dimension" auf den freien Personenverkehr, B) intensivere Zusammenarbeit der „Willigen" im sozialen Bereich, C) gemeinsame Vertiefung der sozialen Dimension mit allen 27 Mitgliedstaaten.*« Die Konvent-Teilnehmer sind sich über die Frage einig, welche Option für die soziale Zukunft Europas für sie in Frage kommt. Alle Teilnehmer schließen die Optionen A und B aus. Sie wollen, dass die EU-27 die soziale Dimension gemeinsam vertiefen.

Diskurs 3.6 »*Die EU-27 vertiefen die Soziale Dimension gemeinsam*« (Seite 30); Das »*Pro und Kontra*« (Kasten Seite 31) wird mit der Guérot´schen Utopie verglichen

Die Konvent-Teilnehmer untereinander bewerten diese Vorgehensweise, d.h. Option C, aufgrund der möglichen Konsequenzen gegensätzlich. Während alle Teilnehmer noch zustimmen, dass diese Option gut wäre (siehe Diskurs 3.5) und die EU unbedingt gemeinsam vorangehen sollte, um früher oder später überall zu gleichen Verhältnissen zu kommen (dies wäre im Sinne der Guérot´schen Utopie mit den Jahressprüngen 2025/2035/2045), wird von einem Teilnehmer diese Vorgehensweise grundsätzlich in Frage gestellt.

Aussage: »***Eine Angleichung aller EU-27 an einen (mittleren) Sozialstandard würde für deutsche Bürger zu persönlichen Nachteilen führen. Das würde ich nicht wollen.***« In politisches Handeln umgesetzt bedeutet das: »*Es soll strikt keine weitergehende Abgabe von Souveränität an die EU stattfinden.*«

Die anderen Teilnehmer stellten miteinander fest, dass dies die Position der Vertretung nationaler Interessen ist, mit der politische Akteure vermeiden wollen, dass negativen Gefühle bei ihren Bürgern aufkommen.

Die Position der EU-Kommission, wie sie aus dem Reflexionspapier hervorgeht, ist die, dass sie (die EU-Kommission) nur innerhalb ihres Zuständigkeitsrahmens handeln würde. Sie würde auch ausschließlich von ihren als »*Instrumente*« benannten vertraglich zugestandenen Möglichkeiten Gebrauch machen. Diese Instrumente sind Rechtsetzung, Orientierung, Finanzierung, Zusammenarbeit. Der Text dazu auf Seite 30 wurde schon zur Kenntnis genommen: »*Unbestritten ist, dass der Handlungsschwerpunkt im sozialen Bereich stets bei den nationalen und lokalen Behörden und den Sozialpartnern liegen sollte und auch wird.*«

Weitere einzelne Stellungnahmen wurden abgegeben. Die Gesamt-EU betreffend: »Mit den Sozialstaaten wird es nie zu solcher Entscheidung kommen. Die Veränderungsmöglichkeiten der EU mit den ihr zu Verfügung stehenden Instrumenten ist zu kleinteilig, zu mühsam und zu komplex. Damit lässt sich weder richtig die Vertiefung vertraglich herbeiführen noch deren Umsetzung in den nationalen Mitgliedsstaaten durchsetzen.« Die Innere Situation Deutschlands betreffend: »Was nützen die hohen Standards, wenn sie nur für einen Teil der (deutschen) Arbeitsgesellschaft gelten? Das Lohndumping macht ja auch vor deutschen Arbeitnehmern nicht Halt: Outsourcing, digitale Arbeitswelt, prekäre Arbeitswelt.«

Frage »Wie handeln? Was wollen?« Antwort »Sollten wir uns nicht gerade deshalb etwas anderes einfallen lassen als ein einfaches "Weiter so"?« Die Teilnehmer sind skeptisch: »Die Angleichung der nationalen Standards wird sich - wenn überhaupt - nur in einem langen Zeitraum bewegen.«

Es erfolgte der Einstieg in den Vergleich mit der Guérot´schen Utopie. »Ist das Ziel der Guérot´schen Utopie nach Sozialrechtsgleichheit auch unser Ziel? Wird die Kommission, so wie es heute ist, dieses erreichen?« Diese Fragestellung blieb aus Zeitgründen in dieser dritten Konvent-Sitzung unbeantwortet.

01. November 2017

Vortragsveranstaltung

Der im Zusammenhang mit dem Weißbuchprozess geplante Vortrag von Dr. Claas Knoop »Zur Lage der Europäischen Union« fand am 01.11.2017 um 18:30 Uhr in der Volkshochschule statt. Es nahmen 17 Personen teil. Zu diesem Vortrag war mit nachfolgendem Text eingeladen worden. Die Wilhelmshavener Zeitung kündigte die Veranstaltung am 26.10.2017 an.

»Zur Lage der Europäischen Union«

Referent Dr. Claas Dieter Knoop, Bremen
Rednerdienst TEAM EUROPE der Europäischen Kommission

Im Rahmen des Weißbuchprozesses zur Zukunft der Europäischen Union wurden von April bis September diesen Jahres Diskussionspapiere zu den europäischen Themen »Die Soziale Dimension Europas«, »Die Globalisierung als Chance«, »Die Zukunft der Wirtschafts- und Währungsunion«, »Die Zukunft der europäischen Verteidigung« und »Die Zukunft der EU-Finanzen« durch die Europäische Kommission erstellt. Mitte September hat die EU-Kommission ihre Ergebnisse als »Rede zur Lage der Union« zusammengefasst.

Dr. Claas Knoop des Rednerdienstes TEAM EUROPE der Europäischen Kommission, Botschafter a.D., ehemals sowohl Gesandter an der Ständigen Vertretung der EU in Brüssel als auch Ständiger Vertreter bei der Afrikanischen Union, trägt die Ergebnisse der EU-Kommission vor und stellt sie in den Zusammenhang aktueller Ereignisse.

Der Vorsitzende der Europa-Union Kreisverband Wilhelmshaven gab am 06.11.2017 folgende Pressemitteilung heraus, welche bei der Presse aber ohne Resonanz blieb.

Vortrag »Zur Lage der Europäischen Union«

An der VHS berichtete Dr. Knoop aus Bremen über anstehende Veränderungen für die EU – Die Teilnehmer diskutierten lebhaft auf der Basis aktueller Ereignisse

»In seiner Rede zur Lage der Europäischen Union im September dieses Jahres bekennt sich der EU-Kommissionspräsident Jean-Claude Juncker klar zur weiteren Vertiefung der Europäischen Union, wobei er mit der Realisierbarkeit aller seiner Vorschläge strikt im Vertragsrahmen der EU bleibt.« Mit dieser Aussage konfrontierte der Botschafter a.D. Prof. Dr. Claas Knoop aus Bremen vom Rednerdienst TEAM EUROPE der Europäischen Union die zahlreichen Zuhörer im großen Saal der

Volkshochschule im Verlauf seines Vortrages »Zur Lage der Europäischen Union«. Zu dieser Veranstaltung hatten der Kreisvorsitzende Jürgen Petersen der Europa-Union Deutschland in Wilhelmshaven und der Bereichsleiter Politik der Volkshochschule Wilhelmshaven, Tim Tjettmers, gemeinsam eingeladen. Der französische Präsident Emmanuel Macron, so Knoop weiter, strebe anders als Juncker eine »Neugründung der EU« an, weil letztere – so Macrons Aussage – in der bisherigen Form »zu langsam, zu schwach und zu ineffizient« sei.

Eine repräsentative Auswahl der Ideen von Jean-Claude Juncker und Emmanuel Macron stellte Dr. Knoop seinen Zuhörern vor und erläuterte die Bedeutung und die möglichen Konsequenzen für ein zukünftiges Europa. Juncker schlage zum Beispiel einen besseren Schutz der EU-Außengrenzen, das Vorbereiten aller EU-Staaten für den Euro als einheitliche Währung und gegen »Sozialdumping« eine europäische Sozialunion mit gleichen sozialen Mindeststandards vor. Bis 2025 solle das alles erledigt sein. Macron wolle unter anderem die EU-Kommission von bisher 28 auf 15 Mitglieder verkleinern, wolle Länder übergreifende statt ausschließlich nationale Stimmlisten zur nächsten Wahl des Europaparlamentes in 2019 und eine gemeinsame Verteidigungsstrategie mit einer gemeinsamen Eingreiftruppe.

Wie Dr. Knoop zu Beginn seines Vortrages feststellte, sei das ihm gestellte Thema »Zur Lage der Europäischen Union« sehr umfassend. Dementsprechend ging er nicht nur auf das Weißbuch der EU-Kommission vom März dieses Jahres ein, worin alle Mitgliedsstaaten und alle EU-Bürger aufgefordert werden, an »ihrem« Europa mitzuarbeiten, sondern stellte auch den Ausgang der jüngsten Bundestagswahl in den europäischen Zusammenhang (Stichwort Jamaica-Sondierungen: »Alle Parteien sind europafreundlich«). Darüber hinaus nahm er Stellung zu den laufenden BREXIT-Verhandlungen (»Kein Vorankommen«), zu den Beziehungen zur Türkei (»Gelder zur Vorbereitung eines EU-Beitritts sind bei 10% eingefroren«) und zu den Beziehungen EU-USA (»Mit Blick auf »America first« verhandelt die EU mit China, Indonesien, Mexiko und Brasilien über Handelsabkommen«).

Alle Beziehungen untereinander seien nicht ohne Spannungen, ging Dr. Knoop auf die lebhaften Fragestellungen der Teilnehmer ein, die nach seiner Meinung zu Recht alarmierende Einzelheiten aktueller Probleme herausstellten. Aber, so trug er auf Basis seiner 32-jährigen Erfahrung im Dienst des Auswärtigen Amtes überzeugend vor, auch wenn es bei manchen Ereignissen noch so schwer falle, so seien doch »der deutsch-französische Motor als Schlüssel für weitere Integrationsschritte der EU sowie die Sicherheitspartnerschaft der EU mit den USA« für das gemeinsame Europa unverzichtbar.

03. November 2017

In der Jadestadt über Europa diskutiert

POLITIK Volkshochschule lud zur politischen Debatte über die EU ein – Bislang nur geringe Beteiligung

Im Kursprogramm der VHS sind fünf Abendtermine zum Thema Europa vorgesehen. Die Teilnehmer am Konvent waren anfangs von der Menge der EU-Dokumente überwältigt.

WILHELMSHAVEN/JF – Die Politik Deutschlands beschränkt sich schon lange nicht mehr nur auf das Landesinnere. Viel mehr wächst sie mit ihren Aufgaben und bedarf größerer Blickwinkel eines jeden Bürgers der gesamten Europäischen Union. Dazu fehlt vielen allerdings oft die Möglichkeit. Deshalb lud die Volkshochschule Wilhelmshaven zur politischen Diskussion zum Ortskonvent ein.

„Wir müssen jetzt etwas für Europa tun, deswegen bin ich hier", erklärt eine Teilnehmerin bei der gegenseitigen Vorstellung zu Beginn der Veranstaltung in der Volkshochschule an der Virchowstraße.

Ein weiterer Teilnehmer äußert sich in der zweiten Veranstaltung, es sei für ihn ein außergewöhnlicher Vorgang, dass so ein Konvent stattfinde, in dem der Plan der EU-Kommission zur Weiterentwicklung Europas detailliert miteinander besprochen werde.

Die Volkshochschule hatte für dieses Semester das politische Format des Konvents gewählt, um den im Februar dieses Jahres vom EU-Kommissionspräsidenten Jean-Claude Juncker angestoßenen „Weißbuchprozess", einem Zeitablauf zur öffentlichen Diskussion der Zukunft Europas, mit dessen Zielen und Inhalten intensiv zu begleiten.

Die Möglichkeit, an diesem Konvent teilzunehmen, würde bisher leider nur eine geringe Zahl der Bürger Wilhelmshavens nutzen, sagt Tim Tjettmers, Bereichsleiter Politik der Volkshochschule. Er ist dennoch überzeugt, dass sich der Aufwand lohnt.

„Wir haben an alle Teilnehmer die Diskussionspapiere der Europäischen Kommission ausgegeben und erarbeiten uns deren Inhalte in Frage- und Antwort-Form. Diese werden dann als Chronik protokolliert und sollen über den Verlauf des Konvents zu einem Ergebnis zusammengeführt werden". Insgesamt, so Tjettmers weiter, seien fünf Abendveranstaltungen im Kursprogramm der VHS vorgesehen, in denen alle EU-Themen betrachtet würden.

Die Konvent-Teilnehmer waren anfangs von der Menge der EU-Dokumente überwältigt. Damit nicht genug. Neben den Themen und Thesen der EU-Kommission erlaubt sich der Konvent gemäß seiner Aufgabenstellung, auch über die gegenwärtigen politischen Strukturen von EU-Kommission und nationalen Regierungen hinauszudenken. Dafür gilt der utopische Entwurf einer Europäischen Republik als Rahmen.

Dazu sich die Grundzüge aus einem Buch zu erarbeiten, ist ebenfalls Teil der von den Teilnehmern abverlangten Textbewältigung.

Seit dem zweiten Konvent-Abend liegen aber nun Erfahrungen vor, wie man mit den Themenpapieren umgeht. Die Teilnehmer arbeiteten sich gemeinsam durch das Dokument zur Globalisierung, dessen Ziel es ist, darüber nachzudenken, „was die EU tun kann, um die Globalisierung zu gestalten, um die europäischen Bürger, vor allem diejenigen, die besonders benachteiligt sind, zu schützen, zu verteidigen und für ihre stärkere Teilhabe zu sorgen."

Im Zentrum standen zwei Aspekte. Erstens sollte denjenigen EU-Bürgern bzw. Regionen, die keinen Vorteil aus der Globalisierung ziehen können, sondern nur Nachteile haben, ein sogenannter Nachteilsausgleich zugestanden werden. Zweitens geht für die Teilnehmer aus dem Diskussionspapier klar hervor, dass mit der jetzigen Struktur von EU-Administration und nationalen Regierungen die Herausforderungen durch die Globalisierung in der Zukunft nicht gelöst werden können. Es bedürfe tiefergehender politischer Änderungen.

Die Wilhelmshavener Zeitung veröffentlicht einen Bericht zum Ortskonvent.

Wilhelmshavener Zeitung vom 03.11.2017

23. November 2017

Vierte Konvent-Sitzung

Der Konvent trifft sich zum vierten Mal (fünf Teilnehmer).

<u>Tagesordnung für den 23.11.2017</u>:
1.   Begrüßung / Statistik
2.   Status Konvent / Zwischenergebnis / Schriftliche Dokumentation
3.   Status Weißbuchprozess / Sozialgipfel Göteborg 17.11.2017
4.   Petition »*Bundestag – mach´s europäisch*«
5.   Das politische System der Europäischen RePublik nach Guérot (Zentrale Punkte) (Verteilung, keine Diskussion)
6.   Diskussionspapier EU-Finanzen und WWU: Inhalt / Fragen / Stellungnahmen
7.   Ausblick auf die 5. Konvent-Sitzung am Donnerstag, den 11.01.2018, 19:00-21:00 Uhr

Zu 2. <u>Status Konvent / Zwischenergebnis / Schriftliche Dokumentation</u>
Die Wilhelmshavener Zeitung hat am 03.11.2017 ein Zwischenergebnis des Konvents nach der zweiten Sitzung abgedruckt mit dem Titel »*In der Jadestadt über Europa diskutiert*« und dem Untertitel »*Politik: Volkshochschule lud zur politischen Debatte über die EU ein - Bislang nur geringe Beteiligung*«.
Die Teilnehmer bewerten die Tatsache der Berichterstattung als Erfolg, denn so gelangten der Weißbuchprozess und mithin Europa wieder einmal an die Öffentlichkeit.
Brandaktuell für den Ortskonvent erhielten die Teilnehmer Kenntnis über die von Katja Sinko am 22.08.2017 eingereichte Petition Nr. 73232 »*Bundestag mach´s europäisch - Für mehr europäische Demokratie*«.

Zu 3. <u>Der Weißbuchprozess / Sozialgipfel Göteborg 17.11.2017</u>
Der Weißbuchprozess läuft seitens der EU planmäßig weiter, aber es kommen wenig Neuigkeiten über die lokalen Medien. Von der EU-Kommission wurde in Göteborg die Europäische Säule sozialer Rechte vorgelegt. Dazu liegen den Teilnehmern Kommentare aus landesweiten Medien vor. Der Europäische Rat soll in seiner Sitzung am 14./15.12.2017 die 20 Grundsätze verabschieden. Den Text des Dokumentes der EU-Kommission »*Die europäische Säule sozialer Rechte in 20 Grundsätzen dargestellt*« enthält der Anhang.

Zu 4. <u>Petition »*Bundestag – mach´s europäisch*«</u>
Die Petition Nr. 73232 an den Bundestag »*Bundestag mach´s europäisch - Für mehr europäische Demokratie*« lag den Teilnehmern einschließlich einer Unterschriftenliste ausgedruckt vor. Die Teilnehmer lasen gemeinsam den Originaltext der von Katja

Sinko am 22.08.2017 eingereichten Petition, deren Kurzfassung lautet: »*Wir, ein Bündnis proeuropäischer Organisationen, fordern den Bundestag auf, seinen europapolitischen Einfluss und seine Gestaltungsmöglichkeiten zur Sicherung und Stärkung europäischer Demokratie in der 19. Legislaturperiode intensiv zu nutzen. Dazu sollen die Abgeordneten der Bundesregierung entsprechende Vorgaben machen. Konkret fordern wir ein entschiedenes Engagement in den Bereichen Wahlrecht, Reform der EU-Institutionen, Sicherung von Demokratie und Rechtsstaatlichkeit sowie Transparenz.*« Den Text der Petition enthält der Anhang.
Die Petition wurde diskutiert und abschließend von jedem anwesenden Mitglied unterschrieben. Die Teilnehmer beschlossen, Frau Dr. Ulla Kalbfleisch-Kottsieper, Referentin zum Europatag am 5. Mai 2017 in Wilhelmshaven und gleichzeitig Mitunterzeichnerin der Petition, für einen Vortrag in Wilhelmshaven einzuladen.

Zu 5. <u>Das politische System der Europäischen RePublik nach Guérot</u>
Aus der Guérot´schen Utopie wird den Teilnehmern das Kapitel 7 zum Lesen empfohlen. »*Die politische Neuordnung der Europäischen RePublik*«, vor allem der Abschnitt »*Das politische System der Europäischen RePublik*«.
Dieser Abschnitt wird aufbereitet werden in einer Mindmap zur Diskussion der Eckpfeiler einer politischen Neuordnung. Es ergeht auch der Hinweis auf Guérot´s Buch Seite 122 »*Es ist gar nicht mehr alles Utopie ...*«.

Zu 6. <u>Diskussionspapiere EU-Finanzen und WWU; Inhalt / Fragen / Stellungnahmen</u>
Das »*Reflexionspapier über die Zukunft der EU-Finanzen*« wurde diskutiert. Das »*Reflexionspapier zur Vertiefung der Wirtschafts- und Währungsunion*« (WWU) wurde aus Zeitgründen auf die nächste Sitzung des Konvents verschoben.

Diskurs 4.1 <u>Zielsetzung des EU-Haushalts</u>
Die Konvent-Teilnehmer erörtern nacheinander wesentliche Zielsetzungen und Begriffe des Diskussionspapiers und nehmen diese zur Kenntnis.
»*Das Ziel der Europäischen Union ist, den Frieden, ihre Werte und das Wohlergehen ihrer Völker zu fördern. Der EU-Haushalt unterstützt dieses Ziel durch die Zusammenarbeit mit den nationalen Haushalten und die Ergänzung anderer Bemühungen auf europäischer und nationaler Ebene. Jeder öffentliche Haushalt hat drei Grundfunktionen: Investitionen in öffentliche Güter, Umverteilung und makroökonomische Stabilisierung.*« (Diskussionspapier Seite 14).
»*Im Mittelpunkt der Debatte stehen einige miteinander zusammenhängende grundlegende Fragen: Wofür sollte der Haushalt der EU verwendet werden? Wie können wir den größten Nutzen aus jedem einzelnen Euro ziehen und so sicherstellen, dass sich die EU-Ausgaben für die Bürgerinnen und Bürger in greifbaren Ergebnissen niederschlagen? Was können Ausgaben auf EU-Ebene bewirken, das mit Ausgaben auf nationaler Ebene nicht erreicht werden kann? Wie können Politik und Programme einfacher und transparenter gestaltet werden? Wie kann der EU-Haushalt so finanziert werden, dass genügend finanzielle Mittel vorhanden sind, um die Erwartungen der Europäerinnen und Europäer zu erfüllen?*« (Vorwort des Diskussionspapiers).

Diskurs 4.2 <u>Europäischer Mehrwert</u>
Die Konvent-Teilnehmer erörterten nacheinander wesentliche Zielsetzungen und

Begriffe des Diskussionspapiers.

»Der EU-Haushalt soll dem "europäischen Mehrwert" dienen: 1. die im Vertrag festgelegten Ziele sollen erreicht werden; 2. öffentliche Güter von europäischer Dimension bereitstellen; 3. beizutragen, unsere Grundfreiheiten, den Binnenmarkt oder die Wirtschafts- und Währungsunion zu wahren.

Der EU-Mehrwert steht auch mit dem Subsidiaritätsprinzip und dem Grundsatz der Verhältnismäßigkeit im Einklang. Die EU darf nur dann tätig werden, wenn dies wirksamer ist als Maßnahmen, die auf nationaler, regionaler oder örtlicher Ebene ergriffen werden.

Ein eindeutiger Mehrwert besteht auch dann, wenn Maßnahmen auf europäischer Ebene weiter gehen, als dies mit nationalen Anstrengungen möglich wäre. Dabei geht es z. B. um Folgendes: Grenzübergreifende Programme haben Grenzregionen transformiert, indem sie dazu beigetragen haben, Konfliktquellen zu beseitigen und neue wirtschaftliche Möglichkeiten zu schaffen.

Ebenso nützen länderübergreifende Infrastrukturprojekte den Bürgern und Unternehmen in der EU, etwa Energieverbundnetze, digitale Netze oder Tunnel. Investitionen im Rahmen der Kohäsionspolitik in einer Region oder einem Mitgliedstaat tragen zur makroökonomischen Stabilität bei und steigern das Wachstumspotenzial der gesamten Union.

Ebenso dient die Kontrolle der südlichen oder östlichen Außengrenzen eindeutig dem Schutz der übrigen Teile Europas.

Hilfen und Investitionen in Partnerländern ermöglichen den Aufbau krisenfesterer Gesellschaften.

Der offene Wettbewerb auf EU-Ebene um die Finanzierung von Wissenschaft und Innovationen hat die Leistungsfähigkeit im Vergleich zur nationalen Finanzierung gesteigert und zieht Talente aus aller Welt an.

Andere große Projekte und wichtige Schlüsseltechnologien, wie Galileo, Copernicus, ITER (3) oder die Bereitstellung von Hochleistungsrechnern, können wegen ihres sehr hohen Finanzierungsbedarfs nur finanziert werden, wenn die Ressourcen auf EU-Ebene gebündelt werden.

Schließlich ist der Mehrwert des EU-Haushalts von seiner inneren strategischen Kohärenz abhängig. Überschneidungen müssen beseitigt werden, und die Instrumente sollten sich ergänzen und aus politischer Sicht konsistent sein« (Seite 11ff).

Diskurs 4.3 <u>Europäischer Mehrwert / Instrumente</u>

Die Konvent-Teilnehmer erörtern nacheinander wesentliche Zielsetzungen und Begriffe des Diskussionspapiers.

»Schließlich ist der Mehrwert des EU-Haushalts von seiner inneren strategischen Kohärenz abhängig. Überschneidungen müssen beseitigt werden, und die Instrumente sollten sich ergänzen und aus politischer Sicht konsistent sein« (Seite 12).

»Zu den wichtigsten Instrumenten gehören die Agrarumwelt- und Klimamaßnahmen der GAP (Gemeinsame Agrarpolitik), die Anreize für Landwirte schafft, Bewirtschaftungsstrategien und praktische Maßnahmen zu verfolgen und anzupassen, mit denen Wasserkörper, Böden, Artenvielfalt und Landschaften verbessert und erhalten werden und der Klimawandel in Betracht gezogen und bekämpft wird« (Seite 18).

Die Teilnehmer stimmten der Aussage Seite 19 zu: *»In der künftigen Gemeinsamen Agrarpolitik muss folglich das richtige Gleichgewicht von Instrumenten zwischen politischen Maßnahmen und Finanzausstattungen, Zuschüssen und Finanzierungsinstrumenten, Risikomanagementinstrumenten und anderen Marktorganisationen gefunden werden, um Risiken und uner-*

warteten Ereignissen in der Landwirtschaft begegnen zu können.«

Diskurs 4.4 <u>Die Kohäsionspolitik der EU</u>

Die Konvent-Teilnehmer erörtern nacheinander wesentliche Begriffe des Diskussionspapiers, hier die Politik zu wirtschaftlichem, sozialem und territorialem Zusammenhalt (*»Kohäsionspolitik«*).

»Die Förderung dauerhafter wirtschaftlicher Konvergenz und Resilienz ist das Ziel der EU-Kohäsionspolitik. Unterschiedliche wirtschaftliche und soziale Perspektiven können sozialpolitische Spannungen erzeugen und erfordern eine angemessene Reaktion seitens der EU, damit kein Mensch und keine Region zurückgelassen werden. ... Für zentrale europäische Prioritäten wie Beschäftigung, soziale Inklusion, Kompetenzen, Forschung und Innovation, Energie- und Ressourceneffizienz sind mehr Mittel vorgesehen. Kohäsionspolitik geschieht in Verbindung mit nationalen Ko-Finanzierungen. Sie finanziert: Forschung und Innovation, Informations- und Kommunikationstechnologie (IKT), Kleine und Mittlere Unternehmen (KMU), Kohlenstoffarme Wirtschaft, Klimawandel und Risiko, Umwelt/Ressourceneffizienz, Verkehr und Energie, Beschäftigung, Soziale Inklusion, Berufliche Bildung und Sonstige« (Seite 16f). Die Teilnehmer waren sich einig, dass die bisherige EU-Kohäsionspolitik weiter gefasst werden müsste als nur für die Grenzregionen, um die Lebensverhältnisse in der EU weiter angleichen zu können. Dafür sollten der EU von den Mitgliedstaaten mehr Kompetenzen als bisher abgetreten werden.

Die Teilnehmer sehen in der Kohäsionspolitik politisches Handeln, wie sie es für sehr gut befinden. Dieses politische Feld bedarf unbedingt einer weitergehenden Zielsetzung und größerer Ressourcen.

Diskurs 4.5 <u>Mögliche Szenarien für die EU-27</u>

Die Konvent-Teilnehmer erörtern die von der EU-Kommission vorgeschlagenen möglichen Szenarien für die Zukunft der EU und ihrer Finanzen. *»Szenario 1. Weiter wie bisher, Szenario 2. Weniger gemeinsames Handeln, Szenario 3. Einige tun mehr, Szenario 4. Radikaler Umbau, Szenario 5. Erheblich mehr gemeinsames Handeln.«*
Die Teilnehmer wollen und konzentrieren sich auf das Szenario 5 *»Erheblich mehr gemeinsames Handeln - Die EU-27 beschließt, in allen Politikfeldern mehr gemeinsam zu unternehmen«* (Seite 35 und Anhang).
Sie diskutieren unter dem Eindruck des Fazits des Diskussionspapiers *»Die Zukunft der EU finanzieren«* (Seite 38). *»Der EU-Haushalt, ja die Europäische Union als Ganzes, werden nach dem Jahr 2020 ganz anders aussehen. Es ist unstrittig: Die Erhaltung des Status quo stellt für die Union keine Option dar. Der EU-Haushalt muss einfacher und flexibler gestaltet und stärker gestrafft werden, und er muss einen effizienteren Einsatz der Mittel ermöglichen«* (Seite 38).
Die Teilnehmer stellen sich die Kernfrage des Ortskonvents: **Welche Zukunft streben wir an?** Sie bestätigen ihr bisheriges Credo: **Erheblich mehr gemeinsames Handeln ist das Ziel!**
Die Teilnehmer schließen sich der Argumentation der EU-Kommission an: *»Verschiebungen sind gerechtfertigt und akzeptierbar, wenn sich die Situationen ändern / geändert haben. Dann kommen auch der Wegfall von Programmen in Betracht.«* Und: Es muss eine Institution geben, die die Ausgaben bewertet. Die Rechenschaftspflicht wird

ja auch im Diskussionspapier gefordert. **Und ja, der Europäische Mehrwert sollte dahin erweitert werden, dass nicht nur Wirtschaft und Markt bedacht werden, sondern in naher Zukunft auch die Soziale Dimension/Säule.**

Die Teilnehmer fragen sich weiter: welchen »Ehrgeiz« wollen wir an den Tag legen, d.h. wie sehr würden wir uns dafür einsetzen, die EU dahingehend zu verändern? *»Das Mindeste ist, wir wollen unsere Meinung weitergeben. Dies wollen wir im und mit dem schriftlichen Dokument des Ortskonvents tun.«*

Die Teilnehmer verlassen sich darauf/fühlen sich bestätigt durch die Absicht der EU-Kommission (Seite 36): *»Was den kommenden mehrjährigen Finanzrahmen anbelangt, so wird die Kommission alle Reaktionen und Stellungnahmen zum Weißbuch und zu den Reflexionspapieren prüfen, damit sie etwa Mitte 2018 ihre Vorschläge für den nächsten mehrjährigen Finanzrahmen unterbreiten kann.«*

18. Dezember 2017

Die Wilhelmshavener Zeitung veröffentlicht einen Bericht zum Ortskonvent.

Europas Zukunft – demokratisch und sozial

BILDUNG Europa-Konvent in der Volkshochschule – Soziale Dimension der EU weiter ausgestalten

WILHELMSHAVEN/SG – „Welche Zukunft für unser Europa streben wir an?" Diese Frage diskutierten erneut die Teilnehmer des Ortskonvents „Wilhelmshaven für Europa", die sich zum vierten Mal zur Konvent-Sitzung in der Volkshochschule Wilhelmshaven trafen.

Dabei wird der vom EU-Kommissionspräsidenten Jean-Claude Juncker angestoßene Weißbuchprozess der EU begleitet, wie Tim Tjettmers, Bereichsleiter Politik der Volkshochschule, erläuterte.

Die von europäischen Gruppierungen formulierte Petition an den Bundestag war ein Thema. Der Titel: „Bundestag mach's europäisch". Darin wird mehr europäische Demokratie gefordert. Die Teilnehmer des Konvents hätten die Petition mit den bisherigen Konvent-Ergebnissen abgeglichen. „Und alle haben dann die Petition unterschrieben", so Tjettmers. Unter anderem wurden Änderungen im Wahlrecht hin zu gleichwertigen Stimmen, eine Reform der EU-Institutionen, die Sicherung von Demokratie und Rechtsstaatlichkeit sowie Transparenz gefordert.

Beim Thema „Zukunft der EU-Finanzen" gäbe es viele erfolgreiche, von der EU geförderte oder voll finanzierte Projekte. Allein die Namen und Abkürzungen seien oft unbekannt. „Einige Programmnamen sind mir, wie wahrscheinlich vielen Mitbürgern auch, sehr geläufig, viele andere aber nicht", sagte eine Teilnehmerin. Als Beispiel nannte sie das Programm „Erasmus+", das Studierenden und Arbeitnehmern erlaube, europäische Kulturen zu entdecken, neue Sprachen und Fertigkeiten zu erlernen, im Ausland Berufserfahrung zu sammeln und Verbindungen in ganz Europa aufzubauen. Dass das Europäische Solidaritätskorps diese Auslandsaufenthalte auch ermögliche, sei indes wenig bekannt.

Die neue soziale Dimension der Europäischen Union war ein weiteres Thema des Konvents. Deren Ausgestaltung sieht der EU-Kommissionspräsident Jean-Claude Juncker als unverzichtbar an, wenn es darum geht, das Wohlstandsversprechen der Europäischen Union auch gegenüber denjenigen Bürgern bzw. Regionen einzulösen, die keinen Vorteil aus der Globalisierung ziehen können, sondern nur Nachteile haben.

Wilhelmshavener Zeitung
vom 18.12.2017

11. Januar 2018

Fünfte Konvent-Sitzung

Der Konvent trifft sich zum fünften Mal (fünf Teilnehmer).

Tagesordnung für den 11.01.2018:
1. Begrüßung / Statistik
2. Status Konvent / Zwischenergebnis
3. Schriftliche Dokumentation / Inhalt / Druck / Verteiler
4. Status Weißbuchprozess
5. Vortrag Frau Kalbfleisch-Kottsieper am 26.02.2018
6. Mindmap »Europäische RePublik nach Guérot« Inhalt / Fragen / Stellungnahmen
7. Diskussionspapier WWU: Inhalt / Fragen / Stellungnahmen
8. Ausblick auf die Abschluss-Sitzung am Donnerstag, 01.02.2018, 19:00-21:00 Uhr , Tagesordnung: Stand Dokument (Kurzübersicht); Kapitel Zusammenfassung vorstellen, ggf. ändern / korrigieren; Kapitel Ergebnis vorstellen, ggf. ändern / korrigieren; Auftrag Berichterstattung, Druck, Verteilung.

Zu 2.: Status Konvent / Zwischenergebnis
Die Wilhelmshavener Zeitung hat am 18.12.17 ein weiteres Zwischenergebnis des Konvents, diesmal nach der vierten Sitzung, abgedruckt mit dem Titel »*Europas Zukunft - demokratisch und sozial*« und dem Untertitel »*Bildung: Europa-Konvent in der Volkshochschule - Soziale Dimension in der EU weiter ausgestalten*«.
Des weiteren: Die Mindmap »Europäische Republik« liegt vor.
Das »*Reflexionspapier zur Vertiefung der Wirtschafts- und Währungsunion*« wurde bisher kaum betrachtet.
Das »*Reflexionspapier über die Zukunft der Europäischen Verteidigung*« wurde nicht betrachtet.
Eine elektronische Nachricht eines der Konvent-Mitglieder liegt mit Datum 19.12.2017 vor. Der Inhalt der Nachricht ist unter Diskurs 5.1 abgehandelt.

Zu 3.: Schriftliche Dokumentation / Inhalt / Druck / Verteiler
Das Dokument »*Ein Ortskonvent für Europa*«, das die Ergebnisse des Konvents nach außen tragen soll, ist inhaltlich bis zur vierten Konvent-Sitzung gediehen. Die Konvent-Mitglieder beschlossen einen vorläufigen Verteiler für das noch zu druckende Dokument.

Zu 4. Status Weißbuchprozess
Darin, dass die Wilhelmshavener Zeitung am 18.12.2017 auch über die Soziale Säule der EU berichtet hat, erkennen die Konvent-Teilnehmer, dass der Weißbuchprozess der EU-Kommission auch in Wilhelmshaven angekommen ist.

Zu 5. <u>Vortrag Frau Kalbfleisch-Kottsieper am 26.02.2018</u>
Die Volkshochschule wird am 26.02.2018 den Kursus 1105 - 2018 anbieten als Vortrag mit Diskussion unter dem Titel *»Die Europäische Frage – Zusammenschluss oder Zusammenbruch«*. Frau Ulla Kalbfleisch-Kottsieper vom Team Europe wird die derzeitige Situation unter der Fragestellung *»Wie können sich europäische Bürger an der Neugestaltung der Europäischen Union beteiligen?«* zusammenfassen. Zugleich werden die Zukunftsvorstellungen für ein vereintes Europa des Ortkonvents *»Wilhelmshaven für Europa«* der breiten Öffentlichkeit vorgestellt.

Zu 6. <u>Mindmap *»Europäische RePublik nach Guérot«* Inhalt/ Fragen/ Stellungnahmen</u>
Die Konvent-Teilnehmer erörtern nacheinander wesentliche Zielsetzungen und Begriffe der Guérot´schen Utopie. Zuvor erörtern sie jedoch die schriftliche Stellungnahme eines abwesenden Konvent-Mitglieds.

Diskurs 5.1 <u>Erörterung der schriftlichen Stellungnahme eines Konvent-Mitglieds in Abwesenheit</u>
Mit elektronischer Nachricht vom 19.12.2017 teilt ein Konvent-Mitglied mit: »... *Am 11. Januar werde ich noch in Urlaub sein.* **Meine Grundüberzeugung zu dem Thema bleibt, dass die EU effizienter damit gegebenenfalls weniger aber gemeinsam handeln muss.** *Ähnliches gilt auch für die Eurozone als Synthese aus der vermuteten deutschen Sicht und den Ideen von Macron (. Es) bleibt nur ein weniger aber das mit Effizienz. Die genauen Modalitäten wird hoffentlich nächstes Jahr zwischen der neuen Bundesregierung und Macron ausgehandelt werden.* **Die Utopie einer europäischen Republik ... bleib(t) letztlich undurchführbar,** *solange die Mitgliedstaaten überwiegend weniger Europa und eine Rückbesinnung auf ihren Nationalstaat anstreben.* **Alle Veränderungen die eine Überarbeitung des Lissabon-Vertrages erzwingen, sind unerreichbar. Die Vorstellungen, den Kommissionspräsidenten direkt vom Volk und eine Kommission vom Parlament wählen zu lassen, halte ich für vollkommen falsch.** *Dies wird niemals zu einer von den EU Bürgern akzeptierten republikanischen Regierung führen können.* **Auch eine Verfassung, die dem Kommissionspräsidenten größere Kompetenz zubilligt, ist aus deutscher Sicht nicht vermittelbar.«**
Die Antwort der Teilnehmer auf diese Meinung lautet zusammengefasst: Die Grundüberzeugung des Absenders, dass die EU effizienter, ggf. weniger aber gemeinsam handeln muss, ist als dessen Meinung gesetzt und wird im weiteren Verlauf so berücksichtigt.
Aber: **zur Diskussion steht für die anderen Teilnehmer nicht die Erarbeitung einer Lösung und somit auch nicht, was auf welche Weise eine Mehrheit gewinnen könnte. Denn diese Einstellung würde bedeuten, dass nur gedacht und aus dem Ortskonvent heraus getragen werden dürfte, was den Teilnehmern unter den gegebenen Rahmenbedingungen von EU-Kommission und nationalen Mitgliedstaaten umsetzbar erscheint.**
Vielmehr geht es der Mehrheit der Teilnehmer gerade darum, dass über die jetzige (Macht-)Konstellation hinausgedacht wird. Das Thema des Ortskonvents *»Vom Weißbuch der EU bis zu Prof. Guérots Europäischer*

Republik« **ist genau so gesetzt, um auf Junckers Frage** *»Welches Europa* ***wollt Ihr?«*** **auch aus der derzeit fest** *»wie auf Schienen laufende«* **Zukunftsdiskussion hinausspringen zu können.** Die Meinungen des Absenders: *»Dies wird niemals zu einer von den EU Bürgern akzeptierten republikanischen Regierung führen können«* und *»Auch eine Verfassung, die dem Kommissionspräsidenten größere Kompetenz zubilligt ist, aus deutscher Sicht nicht vermittelbar«* sind aktuell übliche Sichtweisen und Meinungsbilder, so die anderen Teilnehmer. Dennoch können sich auch diese im nahen Zeitverlauf plötzlich ändern, was sich nicht zuletzt an Teilaspekten der Guérot'schen Utopie, die bereits in den öffentlichen Diskussionen vorkommen, zeigt.

Diskurs 5.2 <u>Die Europäische Republik nach Guérot Die Eckpfeiler einer politischen</u>
<u>Neuordnung Europas</u>

Die Teilnehmer erörtern die wesentlichen Aussagen aus Kapitel 7 des Buches von Ulrike Guérot *»Warum Europa eine Republik werden muss! Eine politische Utopie«*, erschienen 2016 im Verlag J.H.W. Dietz (siehe *»Grundlagen«*).

Zu Dokumentationszwecken einigen sich die Teilnehmer darauf, dass die Zusammenfassung aus der Postkarte *»Die Europäische Republik befindet sich im Aufbau«* als kurze Beschreibung gelten soll (siehe *»Grundlagen - Die Guérot'sche Utopie«*). Die Eckpunkte für *»Die Europäische Republik (nach Prof. Dr. Ulrike Guérot, Donau-Universität Krems)«* sind:

Senat - Präsident - Repräsentantenhaus; Bis 2025 Wahlrechtsgleichheit (eine Person = 1 Stimme), bis 2035 Steuergleichheit, bis 2045 Sozialrechtsgleichheit (d.h. gleicher Zugang zu sozialen Rechten). Am 9. Mai 2045 ausrufen der Europäischen Republik, die dem Bürger gerecht wird und nicht mehr den nationalen Interessen. Aus 27 Nationen werden ca. 55 gleichberechtigte Regionen. Jede Region hat jeweils zwischen 8 bis 15 Millionen Stimmen.

Aus aktuellem Anlass neu ist von Frau Prof. Guérot (Diskussionsendung im Dezember 2017) die Aussage: *»In 2035 hat jeder EU-Bürger eine europäische Social Security Number.«*

Mit der Forderung Guérots nach Schaffung von gleichem Recht (ius aequum) für alle zukünftigen europäischen Staatsbürger (also bürgerliche Gleichheit, auch bei den Steuern) sind die Konvent-Mitglieder einverstanden. Ebenso mit der politischen Gleichheit mit Blick auf die Form der politischen Repräsentation, also Wahlrechtsgleichheit.

Bei der Erörterung der Sozialen Gleichheit (im Sinne von gleichem Zugang zu sozialen Rechten: Kranken-, Renten- und Arbeitslosenversicherung) ziehen die Teilnehmer aus Gründen der Begreifbarkeit als Beispiel die Grundsicherung für Arbeitssuchende (SGB II Hartz IV) und die Sozialhilfe, Grundsicherung im Alter und bei Erwerbsminderung (SGB XII) heran. Mit solch einer Art von Grundsicherung, im persönlichen Bedarfsfall für alle EU-Bürger in ihren jeweiligen Regionen, wäre schon sehr viel erreicht! Das könnte und sollte das Ziel einer ausgeweiteten Kohäsionspolitik der EU sein. Und es steht in klarem Zusammenhang mit den 20 Grundsätzen der Sozialen Säule Europas, weswegen die (anwesenden) Teilnehmer diese Entwicklungsrichtung grundsätzlich wollen. Der gegenwärtige politische Mangel an der Sozialen Säule ist, dass die bislang vom Europäischen Rat verabschiedeten Grundsätze es jedem Mitgliedsstaat überlassen, (ob und) wie er die

20 Grundsätze der Säule sozialer Rechte, des Sozialschutzes und der sozialen Inklusion umsetzt. Für die Konvent-Teilnehmer ist dies - wie schon in der vierten Konvent-Sitzung herausgestellt - eine zu schwache politische Position.

Die (anwesenden) Konvent-Teilnehmer sind mit diesen politischen Zielrichtungen von Guérot einverstanden und antworten Jean-Claude Juncker: *»Solch ein Europa wollen wir!«*

Diskurs 5.3 <u>Die Europäische Republik nach Guérot Die Eckpfeiler einer politischen Neuordnung Europas, hier Bedingungsloses Grundeinkommen</u>

Prof. Guérot schreibt, sie möchte in Zukunft die aktive politische Teilhabe einer/ eines jeden ermöglichen als Bedingung echter, authentischer Freiheit durch eine soziale Grundsicherung jenseits der Erwerbstätigkeit und nennt dafür die Einführung eines bedingungslosen europäischen Grundeinkommens.

Die Konvent-Teilnehmer stellen gemeinsam fest, dass diese Option der Grundsicherung (bedingungslos und für alle/jeden) derzeit in mehreren Industrienationen diskutiert und in Finnland erprobt wird (Testlauf mit 2000 Bürgern). Soweit den Teilnehmern bekannt, hat die Schweiz in einem Volksbegehren das bedingungslose Grundeinkommen abgelehnt. Außerdem ist bekannt, dass Manager von florierenden Industrieunternehmen für ein solches Grundeinkommen plädieren. Weil zurzeit viele die Forderung nach bedingungslosem Grundeinkommen im Mund führen und wenig Konkretes dazu vorliegt, wird das Thema nicht tiefer diskutiert. Es bleibt festzuhalten: **Die Konvent-Mitglieder unterstützen nicht die Forderung Guérots nach einem bedingungslosen Grundeinkommen.** Vielmehr lehnen sie dieses ab.

Diskurs 5.4 <u>Die Europäische Republik nach Guérot Regionen statt Nationalstaaten</u>

Zentral bei Guérot ist die Forderung nach Auflösung der Nationalstaaten und Gliederung der europäischen Republik in ca. 55 gleichberechtigte Regionen mit jeweils einem Bevölkerungsvolumen von 8 bis 15 Millionen Stimmen. Zum Vergleich: Die EU der 27 (28) hat 27 (28) Nationalstaaten und innerhalb deren Grenzen ca. 265 Regionen.

Die Teilnehmer stellen sich die Frage: Wollen wir das, was Frau Guérot fordert? Die Teilnehmer erinnern sich an die Kohäsionspolitik der EU-Kommission, d.h. ein Schwerpunkt der EU-Administration ist schon der Ausgleich zwischen Regionen an ihren Grenzgebieten. Von Nationalstaaten zu Regionen wäre es ein weiterer, natürlich sehr großer Schritt.

Ein Teilnehmer fragt: *»Wenn wir dem zustimmen, würden wir dann nicht unsere Geschichte verlieren?«* **Die Teilnehmer hinterfragen: Welche Geschichte? Was bedeutet das** *»Unser«?* **Die Mehrheit der Teilnehmer beantwortet dies so:** *»Der europäische Kulturraum ist ein gemeinsamer, vermischt mit den ganzen Strömungen der Geschichte innen und außen.«* **Dem schließen sich dann alle (anwesenden) Teilnehmer an.**

Auch mit Rückblick auf den Diskurs 5.1 stellen sich **die Teilnehmer die Frage:** *»Wenn in vielen Staaten der EU-27 solche Konvente wie unserer stattfänden und sich die dortigen EU-Bürger mit diesem Thema beschäftigten, würden* *sie vielleicht - anders als die nationalen Eliten - diese Veränderungen, wie wir sie befürworten, auch haben wollen?«* Antwort: *»Mit der bisherigen Aufteilung von EU-Kommission und Nationalstaaten ist das, was die EU-Kommission im Weißbuchprozess als möglich aufzeigt, nicht erreichbar.«* Schon an uns geht somit die Frage: *»Wenn wir dies und mehr erreichen wollen, wie soll es anders gehen als mit einer Forderung nach Veränderung der derzeitigen politischen Struktur?«*

Diskurs 5.5 <u>Der Gesamtbogen Vom Weißbuch der EU bis zur Utopie von Guérot für eine Europäische Republik</u>

Vieles an den Begriffen und Sätzen der Guérot´schen Utopie muss man erörtern beziehungsweise lösen oder hinterfragen, und zwar dann, wenn man für eine Umsetzung/Teilumsetzung vor den Begriffen oder Sätzen steht. Aber das Gesamtgebäude der Utopie beziehungsweise jeder Utopie muss man gedanklich und für die öffentliche Diskussion zulassen. Andernfalls würgt man jeden Prozess der Veränderung ab, der gegenüber dem Status Quo als unglaubhaft bezeichnet wird, d.h. über ihn hinausgeht. Und genau das wollen wir nicht. Wir wollen die Gedanken und Erörterungen zulassen.

Die Teilnehmer erörterten für eine angenommene Umsetzung die Frage: Bestünde nicht bei einer mit der Umsetzung möglicherweise ausgelösten Minderung/Beeinträchtigung des Lebensstandards in einigen Mitgliedsstaaten eine Gefahr für den sozialen Frieden/die Gefahr sozialer Unruhen? Konkret für Deutschland: Wenn wir angleichen, dann gehen wir nach jetzigem Lebensstandard bei uns im Niveau herunter.

Die Teilnehmer bekräftigten diese Aussage, ja, diese Möglichkeit sähen alle so.

Aber die Mehrheit argumentierte so wie die EU-Kommission: Ja, wir wollen die EU erhalten. Das Wohlstandsversprechen der EU kann diese aber auf Dauer nicht halten, d.h. bei den EU-Bürgern nicht einlösen. Jean-Claude Juncker begründet die neue Sozialen Säule der EU: *»Wenn wir das soziale Problem und die Ungleichheiten nicht lösen, fällt die EU auseinander.«*

Deswegen sind sich auch alle Teilnehmer wie bereits in einer vorangegangenen Sitzung einig, dass zum Ausgleich der Globalisierungseffekte auch ein *»Nachteils-Ausgleich«* erforderlich ist. Ein Teilnehmer argumentierte in die Zukunft: *»Es mag uns jetzt relativ gut beziehungsweise sehr gut gehen in Deutschland. Das liegt vor allem in der wirtschaftlichen und ökonomischen Einbettung Deutschlands in die EU. Dies muss nicht und wird nicht so bleiben. Und deshalb muss vorgedacht und gehandelt werden. Der Lebensstandard auch in Deutschland könnte ohne Änderungen der politischen Struktur drastisch fallen. Es sind also geeignete Strukturen zu schaffen, die mit entsprechenden Fristen und Regelungen den Übergang/den Umbau abfedern.«* Dieser Stellungnahme stimmen alle anwesenden Konvent-Mitglieder zu.

Diskurs 5.6 <u>Die Konvent-Teilnehmer kehren zurück zu der Frage: *»Welches Europa wollen wir?«*</u>

Sie geben gemeinsam und einvernehmlich nachfolgende Antworten:

Langfristig ein Europa, in dem die Vor- und Nachteile der Globalisierung ausgeglichen sind, nicht nur im wirtschaftlichen Bereich, sondern auch beim sozialen Lebensstandard.

Mehr Kompetenzen an die EU abgeben von den Nationalstaaten, also eine Abgabe von Souveränität an die EU / EU-Kommission.

Damit begründet sich auch der Weg als eine Frage nach einer anderen politischen Struktur, nach einem Strukturwandel.

Es gibt das Gremium des Europäischen Konvents. Der sollte den Auftrag bekommen: jawohl, wir wollen einen Strukturwandel, weg von der jetzigen Kommission und den EU-Institutionen, weg vom Europäischen Rat und den Nationalstaaten, hin zu einer veränderten Struktur, die einer europäischen Republik näherkommt.

Wir sind für einen politischen Strukturwandel, aber ohne Brüche.

Dass sich etwas wandeln muss, darüber sind wir uns einig.

1. Februar 2018

Abschlussveranstaltung

Der Konvent trifft sich zum sechsten und letzten Mal (vier Teilnehmer).

<u>Tagesordnung für den 01.02.2018:</u>
1.   Stand Dokument (Kurzübersicht)
2.   Kapitel »Zusammenfassung« vorstellen, ggf. ändern / korrigieren
3.   Kapitel »Ergebnis« vorstellen, ggf. ändern / korrigieren
4.   Auftrag Berichterstattung, Druck, Verteilung

Zu 1.: <u>Stand Dokument (Kurzübersicht)</u>
Das Dokument »*Ein Ortskonvent für Europa - Chronik eines Experiments*« liegt fast vollständig vor. Der Buchblock wurde im vorliegenden Versionsstand an die Mitglieder als pdf-File vor dieser Sitzung versandt. Die Kapitel »*Ergebnis*« sowie »*Zusammenfassung*« sind dabei noch im Entwurfsstadium. Der Buchumschlag, finalisiert von NEUEMEDIENGESTALTEN GmbH, liegt für das Hochladen ins Verlagsportal vor. Der Dokumenteninhalt wird anhand des Inhaltsverzeichnisses skizziert. Ein Überblick über die 24 Diskurse der fünf Konvent-Sitzungen ist eingefügt. Inhalte aus sich wiederholenden Diskussionen werden, argumentativ aufbereitet und in zehn Abschnitte gegliedert, beigefügt. Sie dienen als Grundlage zur Formulierung des Konvent-Ergebnisses (siehe »*Zusammenfassung und Ergebnis*«).

Zu 2.: <u>Kapitel »Zusammenfassung« vorstellen, ggf. ändern / korrigieren</u>
Das Kapitel wird vorgestellt und mit den Konvent-Mitgliedern erörtert. Es werden Änderungen zum Inhalt der Vision »***Das Europa, das wir wollen***« beschlossen. Der Text der Vision wird in geringen Teilen überarbeitet. Mit diesen Änderungen wurde der Ergebnistext einvernehmlich angenommen. Es werden Änderungen der Gliederung, des Dokumentenbezugs sowie einiger Formatierungen beschlossen.

Zu 3.: <u>Kapitel »Ergebnis« vorstellen, ggf. ändern / korrigieren</u>
Das Kapitel wird vorgestellt und mit den Konvent-Mitgliedern erörtert. Statt »Ergebnis« wird dieser Abschnitt neu bezeichnet, um keine Doppelung mit dem Ergebnis im Kapitel »*Zusammenfassung*« (jetzt »*Zusammenfassung und Ergebnis*«) zu erzeugen. So wird das Kapitel als Abschnitt inhaltlich der Chronik zugeordnet. Wesentliche Inhalte aus den Diskursen sind hier argumentativ aufbereitet worden. Die entsprechenden zehn Abschnitte werden beibehalten, denn ihr Inhalt ist argumentativ umfangreicher als es die Positionen und Forderungen der Ergebnisvision sind. Hier sind die Beziehung zu den Diskursen noch deutlich sichtbar, was dort kaum mehr der Fall ist.

Zu 4.: <u>Auftrag Berichterstattung, Druck, Verteilung</u>
Die Konvent-Mitglieder beschließen, dass das Dokument »Ein Ortskonvent für Europa - Chronik eines Experiments« in der heute so beschlossenen Version gedruckt und verteilt werden soll. Dazu soll es einen Bericht für die Presse geben.

Themen der Diskurse

Nachfolgend sind in der Reihenfolge der Konvent-Sitzungen die Themen aller Diskurse aufgelistet.

<u>Diskurs »Die Globalisierung meistern« Fragen und Antworten</u>

Diskurs 2.1 (2. Sitzung, 1. Diskurs) Warum hat die EU-Kommission den Diskurs zur Globalisierung angestoßen?

Diskurs 2.2 Bestandsaufnahme Globalisierung: ... positive Kraft und Herausforderung

Diskurs 2.3 Zukunft des erfolgreichen politischen Handelns

Diskurs 2.4 Umverteilungsmaßnahmen / die Soziale Frage der Globalisierung

Diskurs 2.5 Sind »intelligente Regulierung« (hin zur Vereinfachung) und »Besteuerung« (von heute ungleich hin zu in Zukunft gleich) wichtige politische Handlungsfelder?

Diskurs 2.6 Zu »in Zukunft sind weitere Anstrengungen erforderlich« und »die EU sollte wieder gleiche Wettbewerbsbedingungen herstellen«

Diskurs 2.7 Welche Bedeutung haben die Reflexionspapiere der EU-Kommission für die Zukunftsentwicklung gegenüber der Bedeutung der Guérot'schen Utopie für die Zukunft? Diskussion einer Analyse mit Abgrenzung

<u>Diskurs »Zur Sozialen Dimension Europas« Fragen und Antworten</u>

Diskurs 3.1 Entsenderichtlinie vom Europäischen Rat novelliert.

Diskurs 3.2 Erörterung der schriftlichen Stellungnahme eines Konvent-Mitglieds in Abwesenheit

Diskurs 3.3 Reflexionspapier »Zur Sozialen Dimension«

Diskurs 3.4 Soziale Realität

Diskurs 3.5 »Ansätze für die Zukunft (Optionen)«

Diskurs 3.6 »Die EU-27 vertiefen die Soziale Dimension gemeinsam« (Seite 30); Das »Pro und Kontra« (Kasten Seite 31) wird mit der Guérot'schen Utopie verglichen

<u>Diskurs EU-Finanzen und WWU; Inhalt / Fragen / Stellungnahmen</u>

Diskurs 4.1 Zielsetzung des EU-Haushalts

Diskurs 4.2 Europäischer Mehrwert

Diskurs 4.3 Europäischer Mehrwert / Instrumente

Diskurs 4.4 Die Kohäsionspolitik der EU

Diskurs 4.5 Mögliche Szenarien für die EU-27

<u>Diskurs »Europäische RePublik nach Guérot« Inhalt/ Fragen/ Stellungnahmen</u>

Diskurs 5.1 Erörterung der schriftlichen Stellungnahme eines Konvent-Mitglieds in Abwesenheit

Diskurs 5.2 Die Europäische Republik nach Guérot Die Eckpfeiler einer politischen Neuordnung Europas

Diskurs 5.3 Die Europäische Republik nach Guérot Die Eckpfeiler einer politischen Neuordnung Europas, hier Bedingungsloses Grundeinkommen

Diskurs 5.4 Die Europäische Republik nach Guérot Regionen statt Nationalstaaten

Diskurs 5.5 Der Gesamtbogen Vom Weißbuch der EU bis zur Utopie von Guérot für eine Europäische Republik

Diskurs 5.6 Die Konvent-Teilnehmer kehren zurück zu der Frage: »Welches Europa wollen wir?«

Wiederkehrende Diskussionen

argumentativ aufbereitet in zehn Abschnitten
als Grundlage zur Formulierung des Konvent-Ergebnisses

Das Ergebnis des Konvents ist gemäß der Mehrheit der Konvent-Teilnehmer eine **Vision »*Das Europa, das wir wollen*«.** Die nachfolgenden zehn Texte dieses Abschnittes sind die wesentlichen Positionen und Forderungen, wie sie aus den Diskursen hervorgegangen sind. Der argumentative Zusammenhang zwischen den Diskursen ist umfangreich dargestellt. Für die Vision (siehe unter »*Zusammenfassung und Ergebnis*«) wurden die nachfolgenden zehn Positionen und Forderungen als zugespitzte politische Aussagen nochmals auf den Punkt gebracht.

1. Im »*Weißbuch zur Zukunft Europas*«[1] der EU-Kommission vom 1. März 2017 werden fünf Szenarien vorgestellt. Ausführlich erörtert wurden im Konvent die Szenarien »*Viel mehr gemeinsames Handeln*« und »*Weniger aber effizienter*« Das letztere Szenario bevorzugte ein Teilnehmer mit der Begründung, wenn man, wie die Teilnehmer des Konvents, positiv zur EU stünde, dann könne man sich die Sache leicht machen und die Variante mehr EU fordern. Die Maximallösung hätte aber keine Chance, eine Mehrheit zu gewinnen. Somit verbliebe, als Grundüberzeugung, dass die EU effizienter damit gegebenenfalls weniger aber gemeinsam handeln müsse. Entgegen dieser Meinung wollen fünf von sechs Konvent-Teilnehmern uneingeschränkt »*Viel mehr gemeinsames Handeln*«.

2. Der in beiden Reflexionspapieren der EU-Kommission »*Zur Sozialen Dimension Europas*«[2] und »*Die Globalisierung meistern*«[3] vertretenen These, dass das Wohlstandsversprechen der EU an ihre Bürger ohne grundlegenden Wandel der EU-Strukturen und ihrer Aufgaben auf Dauer nicht gehalten werden kann, stimmen alle Konvent-Teilnehmer zu. Sie sind auch einer Meinung mit dem Kommissionspräsidenten Jean-Claude Juncker, der bei der Vorstellung der »*Europäischen Säule sozialer Rechte*«[7] auf dem Sozialgipfel in Göteborg am 17.11.2017 argumentierte: »*Wenn wir das soziale Problem und die Ungleichheiten nicht lösen, fällt die EU auseinander.*«

3. Die Teilnehmer des Konvents halten die Position der EU-Kommission bezüglich den Auswirkungen der Globalisierung auf ihre Bürger für zu sehr positiv aus wirtschaftspolitischer Sicht dargestellt. Die Teilnehmer sind sich einig, dass klarer von denjenigen EU-Bürgern und Regionen gesprochen werden muss, die keinen Vorteil aus der Globalisierung ziehen können, sondern vor allem nur Nachteile haben. Die Teilnehmer fordern, die erfolgreiche Kohärenzpolitik für wirtschaftlichen und sozialen Ausgleich auszuweiten, d.h. über die unmittelbaren Grenzregionen hinaus. Sie fordern, dass Bürgern in benachteiligten Regionen ein noch auszugestaltender »Nachteils-Ausgleich« zugestanden wird.

---

1), 2), 3), 7) siehe »*Verwendete Dokumente*« Seite 5

4. Zweck der »*Europäischen Säule sozialer Rechte*«[7] ist die Bereitstellung neuer und wirksamerer Rechte für die EU-Bürger. Die Säule baut auf 20 Grundsätzen auf, welche in drei Kategorien eingeordnet sind: Chancengleichheit und Arbeitsmarktzugang, Faire Arbeitsbedingungen, Sozialschutz und soziale Inklusion. Die Konvent-Teilnehmer halten diese Säule für dringend notwendig und begrüßen deshalb deren Einführung. Der Position der EU-Kommission aber: »*Die EU-Kommission stellt fest, dass sie und die Nationalstaaten im Konsens sind, dass die ganze Sozialgesetzgebung immer in Verantwortung der Nationalstaaten bleiben soll.*«[2] stellen sie ein klares **NEIN** entgegen. Sie fordern (viel) mehr Entscheidungszuständigkeit auf der EU-Ebene, und damit weniger auf der nationalen Ebene der Mitgliedstaaten, weil es ansonsten statt einheitlicher Entscheidungen für alle EU-27 trotz der gutgemeinten Grundsätze weiterhin sozialpolitische Beliebigkeit auf nationaler Ebene geben wird.

5. Die Reflexionspapiere »*Zur Vertiefung der Wirtschafts- und Währungsunion*«[4] und »*Über die Zukunft der EU-Finanzen*«[6] wurden mit den Aufgaben »*Zur Sozialen Dimension Europas*«[2] und »*Die Globalisierung meistern*«[3] in den Zusammenhang gestellt Die Teilnehmer sind sich einig, dass zur Umsetzung der aus der Aufgabenerfüllung erforderlichen Maßnahmen das politische Handeln auf den Gebieten der EU-Finanzen und der Entwicklung des EURO-Raumes mit der Aufgabenveränderung entlang der Sozialen Dimension und der Globalisierung Schritt halten müsse. Die von der EU-Kommission als notwendig dargestellten Maßnahmen müssen zeitgerecht beziehungsweise gar parallel erfolgen.

6. In den Reflexionspapieren hält sich die EU-Kommission, was ihre anvisierte Handlungsstrategie angeht, eindeutig an gültigen Verträge, gegebene Strukturen und bestehende Aufgabenteilung. Die Kommission weist somit die Maßnahmen, für die sie nicht zuständig ist, konsequent den nationalen Mitgliedstaaten zu. Diese jedoch handeln nach Auffassung des Konvents nicht entsprechend dem Maßnahmenkatalog der EU-Kommission, sondern setzen gemäß nationalem Interesse die Maßnahmen entweder nur teilweise oder auch gar nicht um. Die Konvent-Teilnehmer sind sich darin sicher und einig, dass somit die gewählte Lösungsstrategie der EU-Kommission der Realität nicht standhalten wird und stuft deshalb diese Vorgehensweise als unglaubwürdig ein. Daraus leitet der Konvent die Forderung ab, (viel) mehr Entscheidungszuständigkeit von den nationalen Staaten auf die EU-Ebene zu bringen, um überhaupt einheitliche Entscheidungen der EU-27 für alle EU-27 herbeiführen zu können.

7. Dem von der EU-Kommission im »*Weißbuch zur Zukunft Europas*«[1] vorgestellte Szenario »*Viel mehr gemeinsames Handeln*« stand im Konvent (siehe Punkt 1) das Szenario »*Weniger aber effizienter*« gegenüber. Man könne sich, wie schon erörtert, die Sache leicht machen und die Variante »*mehr EU*« fordern. Die Maximallösung hätte aber keine Chance eine Mehrheit zu gewinnen. Die Mehrheit der Teilnehmer möchte aber genau das, dass über die jetzige Struktur- und Aufgaben-Konstellation von EU-Kommission und nationalen Mitgliedsstaaten hinausgedacht wird. Das Thema und damit der selbst gestellte Auftrag des Ortskonvents »*Vom Weißbuch der EU bis zu Prof. Guérots Europäischer Republik*« ist vom Titel her so gesetzt, dass bei der Beantwortung der Frage des Kommissionspräsidenten

»Welches Europa wollt Ihr?« die von der öffentlichen Meinung beeinflusste Grenze der Vorstellung, was *»gerade noch für Machbar«* gehalten wird, bewusst auch überschritten werden soll.

8. Die Europäische Republik nach der Utopie von Prof. Ulrike Guérot[8] hätte einen Senat, einen Präsidenten und ein Repräsentantenhaus. Bis 2025 wäre die Wahlrechtsgleichheit (eine Person = 1 Stimme), bis 2035 die Steuergleichheit umgesetzt. Ebenso hätte in 2035 jeder EU-Bürger eine europäische »Social Security Number«. Ab 2045 würde Sozialrechtsgleichheit herrschen, d.h. jeder EU-Bürger hätte den gleicher Zugang zu sozialen Rechten (Kranken-, Renten- und Arbeitslosenversicherung). Und am 9. Mai 2045 würde die Europäische Republik ausgerufen, die dann dem Bürger gerecht würde und nicht mehr den nationalen Interessen der Mitgliedstaaten unterläge. Statt 27 Nationen gäbe es dann ca. 55 gleichberechtigte Regionen und jede Region hätte jeweils zwischen 8 bis 15 Millionen Stimmen. Die Konvent-Teilnehmer sind sich nach Diskussion mehrheitlich einig: 1.) Sie begrüßen die Guérot´sche Utopie, denn *über eine politische Idee kann erst diskutiert werden, wenn sie manifestiert ist.* Und sie bekräftigen: *»Unser Europa ist eine Erfolgsgeschichte. Was wir brauchen, sind der Glaube an, Erzählungen über und Visionen für unser Europa. Und dann müssen wir nur noch wollen«.* 2.) Sie unterstützen die Merkmale der Guérot´schen Utopie bis auf eine inhaltliche Ausnahme: sie übernehmen nicht die Forderung nach einem bedingungslosen Grundeinkommen[9]. 3.) Fünf Teilnehmer unterzeichneten am 23. November die Petition Nr. 73232 *»Bundestag mach´s europäisch - Für mehr europäische Demokratie«*[10], deren Inhalt bis auf wenige Details den Forderungen des Konvents entspricht. 4.) Im Sinne der Guérot´schen Utopie begrüßt die Mehrheit der Teilnehmer die Verabschiedung der »Europäischen Säule sozialer Rechte«[7] durch den Europäischen Rat, will aber, dass aus den Grundsätzen ein europäisches Recht im Sinne gleichen Rechts für alle EU-Bürger wird und es nicht den nationalen Mitgliedstaaten überlassen bleibt, ob und wie sie die Grundsätze (eventuell) in nationales Recht umwandeln. 5.) Dies ist die Vision des Konvents für »***Das Europa, das wir wollen***«.

9. Diese Diskussion löste Widerspruch der Konvent-Teilnehmer untereinander aus. Die Utopie einer europäischen Republik, so ein Teilnehmer, bleibe letztlich undurchführbar. Alle Veränderungen, die eine Überarbeitung des Lissabon-Vertrages erzwingen würden, wären unerreichbar. Jedoch bleibt die Mehrheit der Teilnehmer bei der Vision »***Das Europa, das wir wollen.***« Auch wurde die Frage nach möglicher Beeinträchtigung des Lebensstandards in Folge der Umsetzung der Vision erörtert. In einigen (wohlhabenden) Mitgliedstaaten bestünde Gefahr für den sozialen Frieden und in Folge die Gefahr sozialer Unruhen. Konkret für Deutschland könne dies heißen, dass, wenn wir die soziale Rechtssetzung angleichen würden, der Lebensstandard bei uns im Niveau absänke. Alle Teilnehmer stimmen diesem Gedankengang zu. Die Mehrheit jedoch argumentierte so wie die EU-Kommission: Will man die EU erhalten, dann müsse gehandelt werden. Die EU könne das Wohlstandsversprechen an ihre Bürger auf Dauer nicht halten. In der Folge würde, falls sich nichts wandele, früher oder später der Lebensstandard auch in den reichen Ländern fallen.

---

7), 8), 9), 10) siehe *»Verwendete Dokumente«* Seite 5

10. Ein Teilnehmer argumentierte, dass es uns jetzt zwar im Schnitt sehr gut ginge in Deutschland. Das läge aber auch an der wirtschaftlichen und ökonomischen Einbettung Deutschlands in die EU. Dies müsse nicht so positiv bleiben. Deshalb müsse vorgedacht und gehandelt werden. Der Lebensstandard könne, beim Verbleib der politischen Struktur im Status Quo, auch in Deutschland drastisch fallen. Es wären also geeignete Strukturen zu schaffen, die mit entsprechenden Fristen und Regelungen den Umbau abfedern und den politischen Übergang regeln würden. Die Konvent-Mitglieder erörterten nochmals die Entscheidung, dass zur Bewältigung der Globalisierung wegen der in EU-Staaten und Regionen unterschiedlichen Vor- und Nachteile ein »Nachteils-Ausgleich« erforderlich sei. Gehe man diese Gedankenrichtung weiter, also fordere man die Einigkeit, die Einheit und die Gleichheit in Europa, dann müsse man auch für »**Das Europa, das wir wollen**« die dazu gehörenden Struktur- und Aufgabenveränderung befürworten.

Anhang

Disskussionsvorlagen (Mindmaps)

Der Konvent einigte sich in der ersten Sitzung, dass die Arbeit entlang der Texte mittels Fragen und Stellungnahmen erfolgen soll. Er einigte sich weiterhin auf das Hilfsmittel der Mindmap während den Sitzungen. Der wesentliche Vorteil eines solchen Programms, dessen Grafik für die Projektion an eine Leinwand geeignet ist, besteht darin, dass die von einem Teilnehmer aus dem Inhalt der jeweiligen Dokumentation vorgefertigten Maps in der Sitzung erweitert, Zweige ergänzt und verschoben werden können. Diese Erweiterungen, Notizen, Stellungnahmen waren die Grundlage für die Chronik der Veranstaltungen.

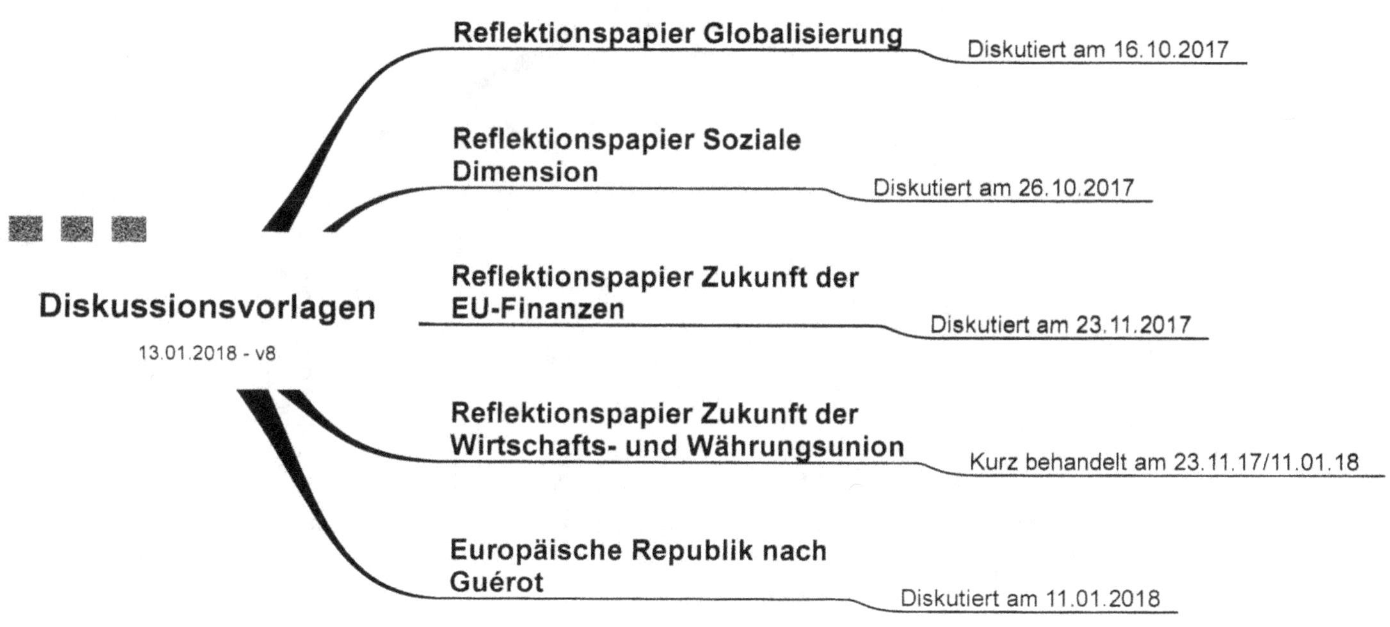

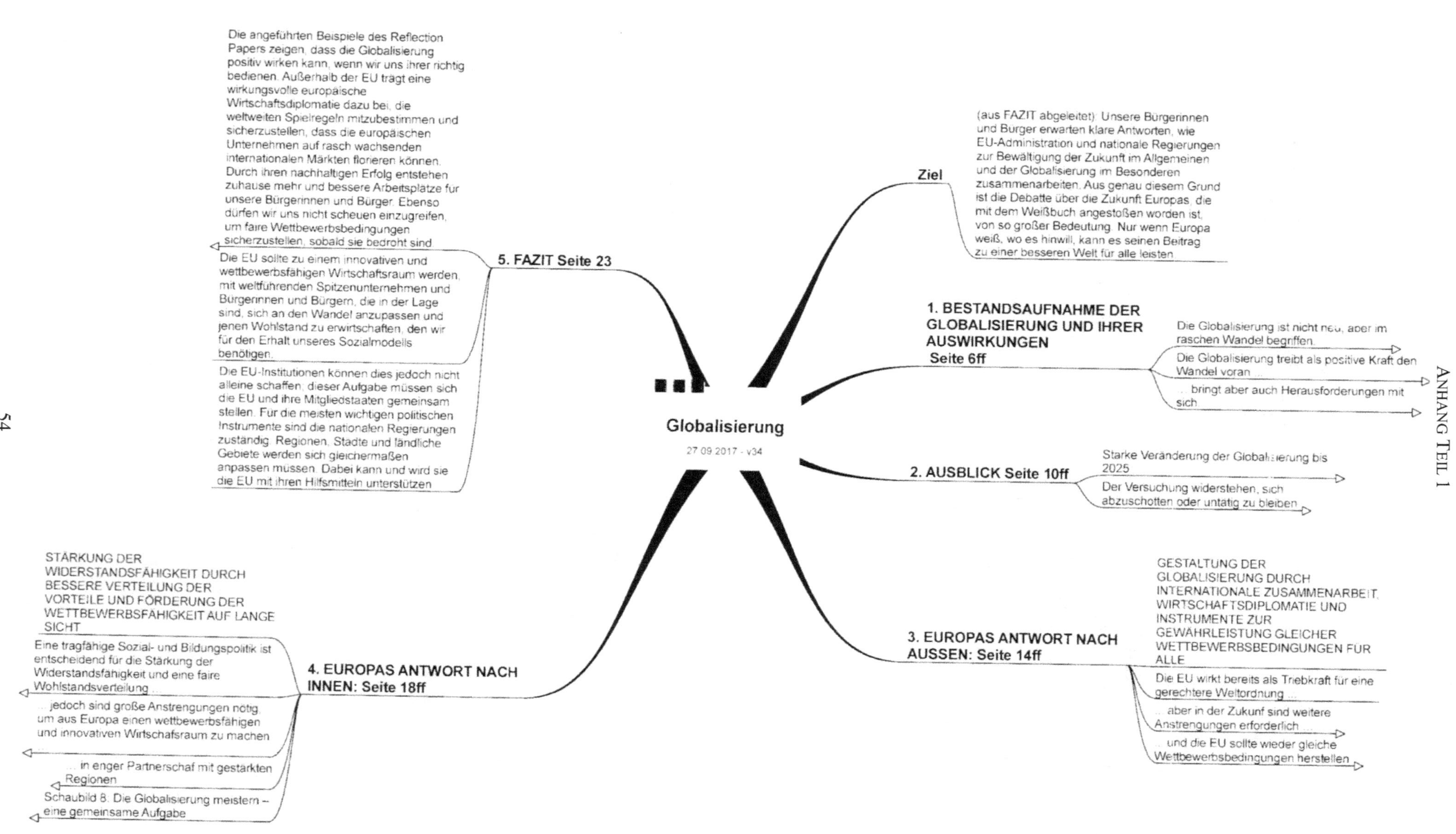

Globalisierung
27.09.2017 - v34

Ziel
(aus FAZIT abgeleitet) Unsere Bürgerinnen und Bürger erwarten klare Antworten, wie EU-Administration und nationale Regierungen zur Bewältigung der Zukunft im Allgemeinen und der Globalisierung im Besonderen zusammenarbeiten. Aus genau diesem Grund ist die Debatte über die Zukunft Europas, die mit dem Weißbuch angestoßen worden ist, von so großer Bedeutung. Nur wenn Europa weiß, wo es hinwill, kann es seinen Beitrag zu einer besseren Welt für alle leisten

1. BESTANDSAUFNAHME DER GLOBALISIERUNG UND IHRER AUSWIRKUNGEN Seite 6ff
Die Globalisierung ist nicht neu, aber im raschen Wandel begriffen.
Die Globalisierung treibt als positive Kraft den Wandel voran
... bringt aber auch Herausforderungen mit sich

2. AUSBLICK Seite 10ff
Starke Veränderung der Globalisierung bis 2025
Der Versuchung widerstehen, sich abzuschotten oder untätig zu bleiben

3. EUROPAS ANTWORT NACH AUSSEN: Seite 14ff
GESTALTUNG DER GLOBALISIERUNG DURCH INTERNATIONALE ZUSAMMENARBEIT, WIRTSCHAFTSDIPLOMATIE UND INSTRUMENTE ZUR GEWÄHRLEISTUNG GLEICHER WETTBEWERBSBEDINGUNGEN FÜR ALLE
Die EU wirkt bereits als Triebkraft für eine gerechtere Weltordnung ...
... aber in der Zukunf sind weitere Anstrengungen erforderlich
... und die EU sollte wieder gleiche Wettbewerbsbedingungen herstellen

4. EUROPAS ANTWORT NACH INNEN: Seite 18ff
STÄRKUNG DER WIDERSTANDSFÄHIGKEIT DURCH BESSERE VERTEILUNG DER VORTEILE UND FÖRDERUNG DER WETTBEWERBSFÄHIGKEIT AUF LANGE SICHT
Eine tragfähige Sozial- und Bildungspolitik ist entscheidend für die Stärkung der Widerstandsfähigkeit und eine faire Wohlstandsverteilung ...
... jedoch sind große Anstrengungen nötig, um aus Europa einen wettbewerbsfähigen und innovativen Wirtschafsraum zu machen
... in enger Partnerschaf mit gestärkten Regionen
Schaubild 8. Die Globalisierung meistern -- eine gemeinsame Aufgabe

5. FAZIT Seite 23
Die angeführten Beispiele des Reflection Papers zeigen, dass die Globalisierung positiv wirken kann, wenn wir uns ihrer richtig bedienen. Außerhalb der EU trägt eine wirkungsvolle europäische Wirtschaftsdiplomatie dazu bei, die weltweiten Spielregeln mitzubestimmen und sicherzustellen, dass die europäischen Unternehmen auf rasch wachsenden internationalen Märkten florieren können. Durch ihren nachhaltigen Erfolg entstehen zuhause mehr und bessere Arbeitsplätze für unsere Bürgerinnen und Bürger. Ebenso dürfen wir uns nicht scheuen einzugreifen, um faire Wettbewerbsbedingungen sicherzustellen, sobald sie bedroht sind
Die EU sollte zu einem innovativen und wettbewerbsfähigen Wirtschaftsraum werden, mit weltführenden Spitzenunternehmen und Bürgerinnen und Bürgern, die in der Lage sind, sich an den Wandel anzupassen und jenen Wohlstand zu erwirtschaften, den wir für den Erhalt unseres Sozialmodells benötigen.
Die EU-Institutionen können dies jedoch nicht alleine schaffen, dieser Aufgabe müssen sich die EU und ihre Mitgliedstaaten gemeinsam stellen. Für die meisten wichtigen politischen Instrumente sind die nationalen Regierungen zuständig. Regionen, Städte und ländliche Gebiete werden sich gleichermaßen anpassen müssen. Dabei kann und wird sie die EU mit ihren Hilfsmitteln unterstützen

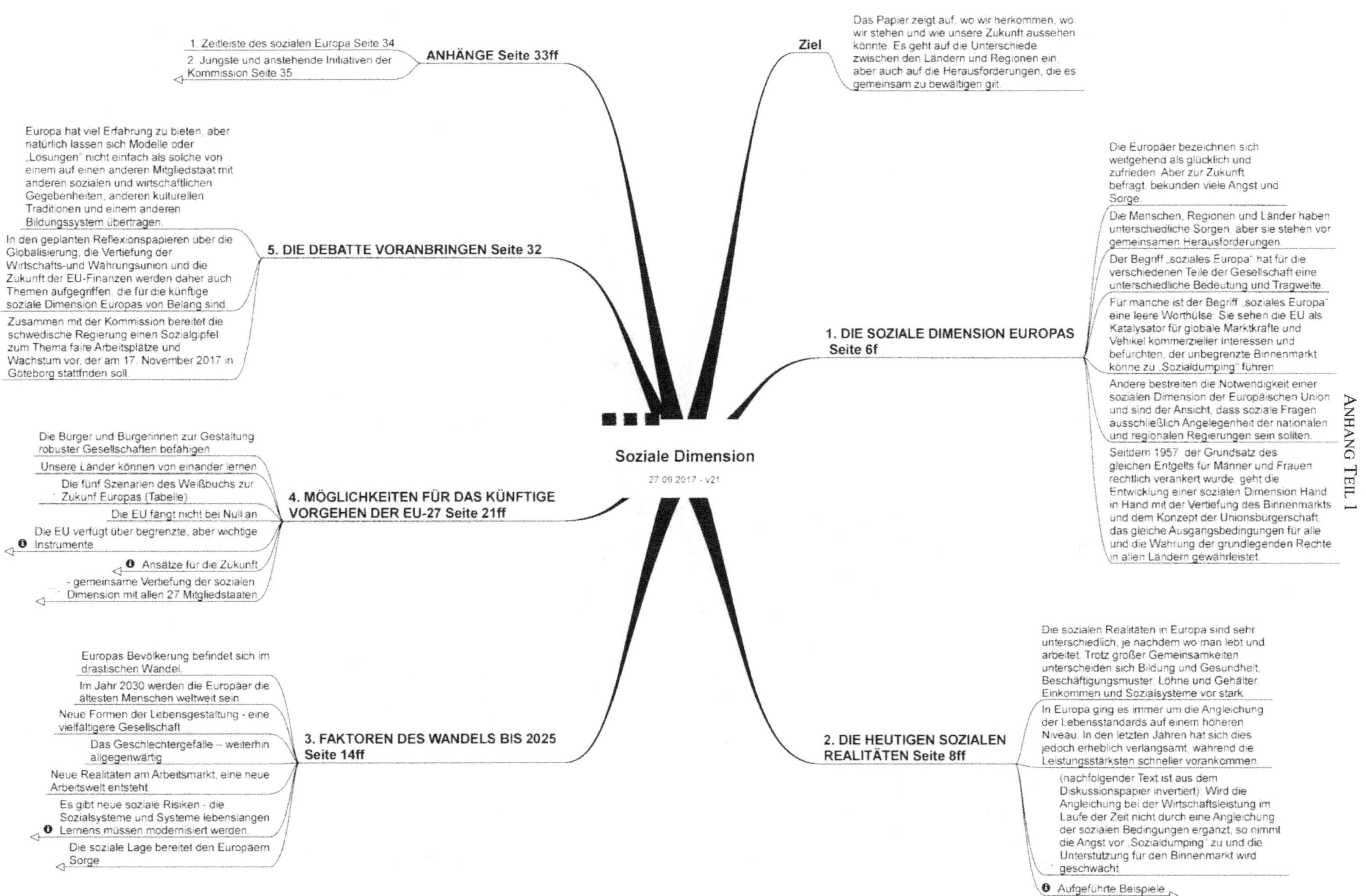

Soziale Dimension
27.09.2017 - v21

Ziel
Das Papier zeigt auf, wo wir herkommen, wo wir stehen und wie unsere Zukunft aussehen könnte. Es geht auf die Unterschiede zwischen den Ländern und Regionen ein, aber auch auf die Herausforderungen, die es gemeinsam zu bewältigen gilt.

ANHÄNGE Seite 33ff
1. Zeitleiste des sozialen Europa Seite 34
2. Jüngste und anstehende Initiativen der Kommission Seite 35

5. DIE DEBATTE VORANBRINGEN Seite 32
Europa hat viel Erfahrung zu bieten, aber natürlich lassen sich Modelle oder „Lösungen" nicht einfach als solche von einem auf einen anderen Mitgliedstaat mit anderen sozialen und wirtschaftlichen Gegebenheiten, anderen kulturellen Traditionen und einem anderen Bildungssystem übertragen.
In den geplanten Reflexionspapieren über die Globalisierung, die Vertiefung der Wirtschafts-und Währungsunion und die Zukunft der EU-Finanzen werden daher auch Themen aufgegriffen, die für die künftige soziale Dimension Europas von Belang sind.
Zusammen mit der Kommission bereitet die schwedische Regierung einen Sozialgipfel zum Thema faire Arbeitsplätze und Wachstum vor, der am 17. November 2017 in Göteborg stattfinden soll.

4. MÖGLICHKEITEN FÜR DAS KÜNFTIGE VORGEHEN DER EU-27 Seite 21ff
Die Bürger und Bürgerinnen zur Gestaltung robuster Gesellschaften befähigen
Unsere Länder können von einander lernen
Die fünf Szenarien des Weißbuchs zur Zukunf Europas (Tabelle)
Die EU fängt nicht bei Null an
Die EU verfügt über begrenzte, aber wichtige Instrumente
Ansätze für die Zukunft
- gemeinsame Vertiefung der sozialen Dimension mit allen 27 Mitgliedstaaten

3. FAKTOREN DES WANDELS BIS 2025 Seite 14ff
Europas Bevölkerung befindet sich im drastischen Wandel.
Im Jahr 2030 werden die Europäer die ältesten Menschen weltweit sein
Neue Formen der Lebensgestaltung - eine vielfältigere Gesellschaft
Das Geschlechtergefalle — weiterhin allgegenwärtig
Neue Realitäten am Arbeitsmarkt, eine neue Arbeitswelt entsteht
Es gibt neue soziale Risiken - die Sozialsysteme und Systeme lebenslangen Lernens müssen modernisiert werden.
Die soziale Lage bereitet den Europäem Sorge

1. DIE SOZIALE DIMENSION EUROPAS Seite 6f
Die Europäer bezeichnen sich weitgehend als glücklich und zufrieden. Aber zur Zukunft befragt, bekunden viele Angst und Sorge.
Die Menschen, Regionen und Länder haben unterschiedliche Sorgen, aber sie stehen vor gemeinsamen Herausforderungen
Der Begriff „soziales Europa" hat für die verschiedenen Teile der Gesellschaft eine unterschiedliche Bedeutung und Tragweite.
Für manche ist der Begriff „soziales Europa" eine leere Worthülse. Sie sehen die EU als Katalysator für globale Marktkräfte und Vehikel kommerzieller Interessen und befürchten, der unbegrenzte Binnenmarkt könne zu „Sozialdumping" führen
Andere bestreiten die Notwendigkeit einer sozialen Dimension der Europäischen Union und sind der Ansicht, dass soziale Fragen ausschließlich Angelegenheit der nationalen und regionalen Regierungen sein sollten.
Seitdem 1957 der Grundsatz des gleichen Entgelts für Männer und Frauen rechtlich verankert wurde, geht die Entwicklung einer sozialen Dimension Hand in Hand mit der Vertiefung des Binnenmarkts und dem Konzept der Unionsbürgerschaft, das gleiche Ausgangsbedingungen für alle und die Wahrung der grundlegenden Rechte in allen Ländern gewährleistet.

2. DIE HEUTIGEN SOZIALEN REALITÄTEN Seite 8ff
Die sozialen Realitäten in Europa sind sehr unterschiedlich, je nachdem wo man lebt und arbeitet. Trotz großer Gemeinsamkeiten unterscheiden sich Bildung und Gesundheit, Beschäftigungsmuster, Löhne und Gehälter, Einkommen und Sozialsysteme vor stark.
In Europa ging es immer um die Angleichung der Lebensstandards auf einem höheren Niveau. In den letzten Jahren hat sich dies jedoch erheblich verlangsamt, während die Leistungsstärksten schneller vorankommen.
(nachfolgender Text ist aus dem Diskussionspapier invertiert) Wird die Angleichung bei der Wirtschaftsleistung im Laufe der Zeit nicht durch eine Angleichung der sozialen Bedingungen ergänzt, so nimmt die Angst vor „Sozialdumping" zu und die Unterstützung für den Binnenmarkt wird geschwächt
Aufgeführte Beispiele

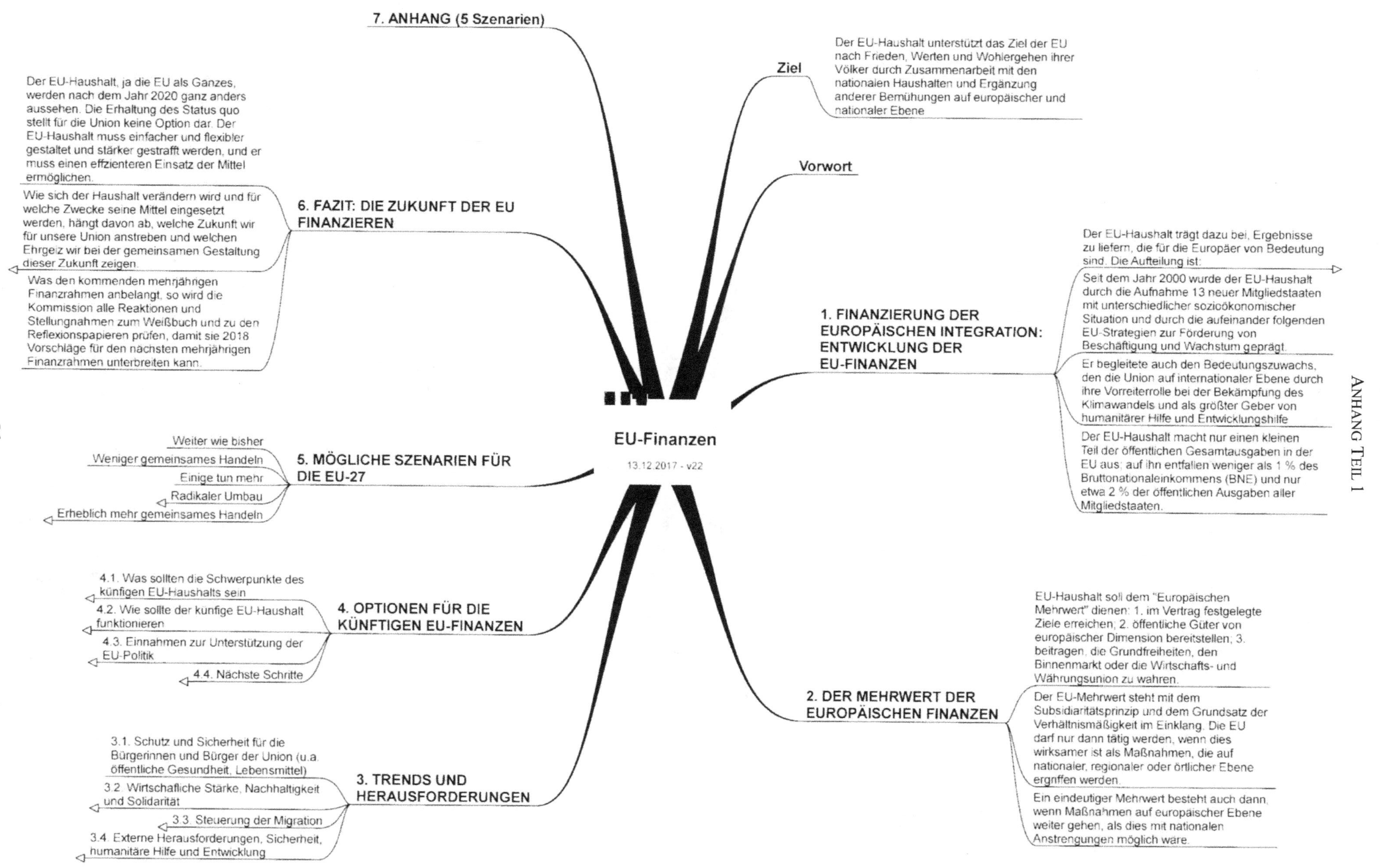

EU-Finanzen
13.12.2017 - v22

7. ANHANG (5 Szenarien)

Ziel
Der EU-Haushalt unterstützt das Ziel der EU nach Frieden, Werten und Wohlergehen ihrer Völker durch Zusammenarbeit mit den nationalen Haushalten und Ergänzung anderer Bemühungen auf europäischer und nationaler Ebene

Vorwort

1. FINANZIERUNG DER EUROPÄISCHEN INTEGRATION: ENTWICKLUNG DER EU-FINANZEN
Der EU-Haushalt trägt dazu bei, Ergebnisse zu liefern, die für die Europäer von Bedeutung sind. Die Aufteilung ist:
Seit dem Jahr 2000 wurde der EU-Haushalt durch die Aufnahme 13 neuer Mitgliedstaaten mit unterschiedlicher sozioökonomischer Situation und durch die aufeinander folgenden EU-Strategien zur Förderung von Beschäftigung und Wachstum geprägt.
Er begleitete auch den Bedeutungszuwachs, den die Union auf internationaler Ebene durch ihre Vorreiterrolle bei der Bekämpfung des Klimawandels und als größter Geber von humanitärer Hilfe und Entwicklungshilfe
Der EU-Haushalt macht nur einen kleinen Teil der öffentlichen Gesamtausgaben in der EU aus: auf ihn entfallen weniger als 1 % des Bruttonationaleinkommens (BNE) und nur etwa 2 % der öffentlichen Ausgaben aller Mitgliedstaaten.

2. DER MEHRWERT DER EUROPÄISCHEN FINANZEN
EU-Haushalt soll dem "Europäischen Mehrwert" dienen: 1. im Vertrag festgelegte Ziele erreichen; 2. öffentliche Güter von europäischer Dimension bereitstellen; 3. beitragen, die Grundfreiheiten, den Binnenmarkt oder die Wirtschafts- und Währungsunion zu wahren.
Der EU-Mehrwert steht mit dem Subsidiaritätsprinzip und dem Grundsatz der Verhältnismäßigkeit im Einklang. Die EU darf nur dann tätig werden, wenn dies wirksamer ist als Maßnahmen, die auf nationaler, regionaler oder örtlicher Ebene ergriffen werden.
Ein eindeutiger Mehrwert besteht auch dann, wenn Maßnahmen auf europäischer Ebene weiter gehen, als dies mit nationalen Anstrengungen möglich wäre.

3. TRENDS UND HERAUSFORDERUNGEN
3.1. Schutz und Sicherheit für die Bürgerinnen und Bürger der Union (u.a. öffentliche Gesundheit, Lebensmittel)
3.2. Wirtschafliche Stärke, Nachhaltigkeit und Solidarität
3.3. Steuerung der Migration
3.4. Externe Herausforderungen, Sicherheit, humanitäre Hilfe und Entwicklung

4. OPTIONEN FÜR DIE KÜNFTIGEN EU-FINANZEN
4.1. Was sollten die Schwerpunkte des künfigen EU-Haushalts sein
4.2. Wie sollte der kunfige EU-Haushalt funktionieren
4.3. Einnahmen zur Unterstützung der EU-Politik
4.4. Nächste Schritte

5. MÖGLICHE SZENARIEN FÜR DIE EU-27
Weiter wie bisher
Weniger gemeinsames Handeln
Einige tun mehr
Radikaler Umbau
Erheblich mehr gemeinsames Handeln

6. FAZIT: DIE ZUKUNFT DER EU FINANZIEREN
Der EU-Haushalt, ja die EU als Ganzes, werden nach dem Jahr 2020 ganz anders aussehen. Die Erhaltung des Status quo stellt für die Union keine Option dar. Der EU-Haushalt muss einfacher und flexibler gestaltet und stärker gestrafft werden, und er muss einen effzienteren Einsatz der Mittel ermöglichen.
Wie sich der Haushalt verändern wird und für welche Zwecke seine Mittel eingesetzt werden, hängt davon ab, welche Zukunft wir für unsere Union anstreben und welchen Ehrgeiz wir bei der gemeinsamen Gestaltung dieser Zukunft zeigen
Was den kommenden mehrjährigen Finanzrahmen anbelangt, so wird die Kommission alle Reaktionen und Stellungnahmen zum Weißbuch und zu den Reflexionspapieren prüfen, damit sie 2018 Vorschläge für den nächsten mehrjährigen Finanzrahmen unterbreiten kann.

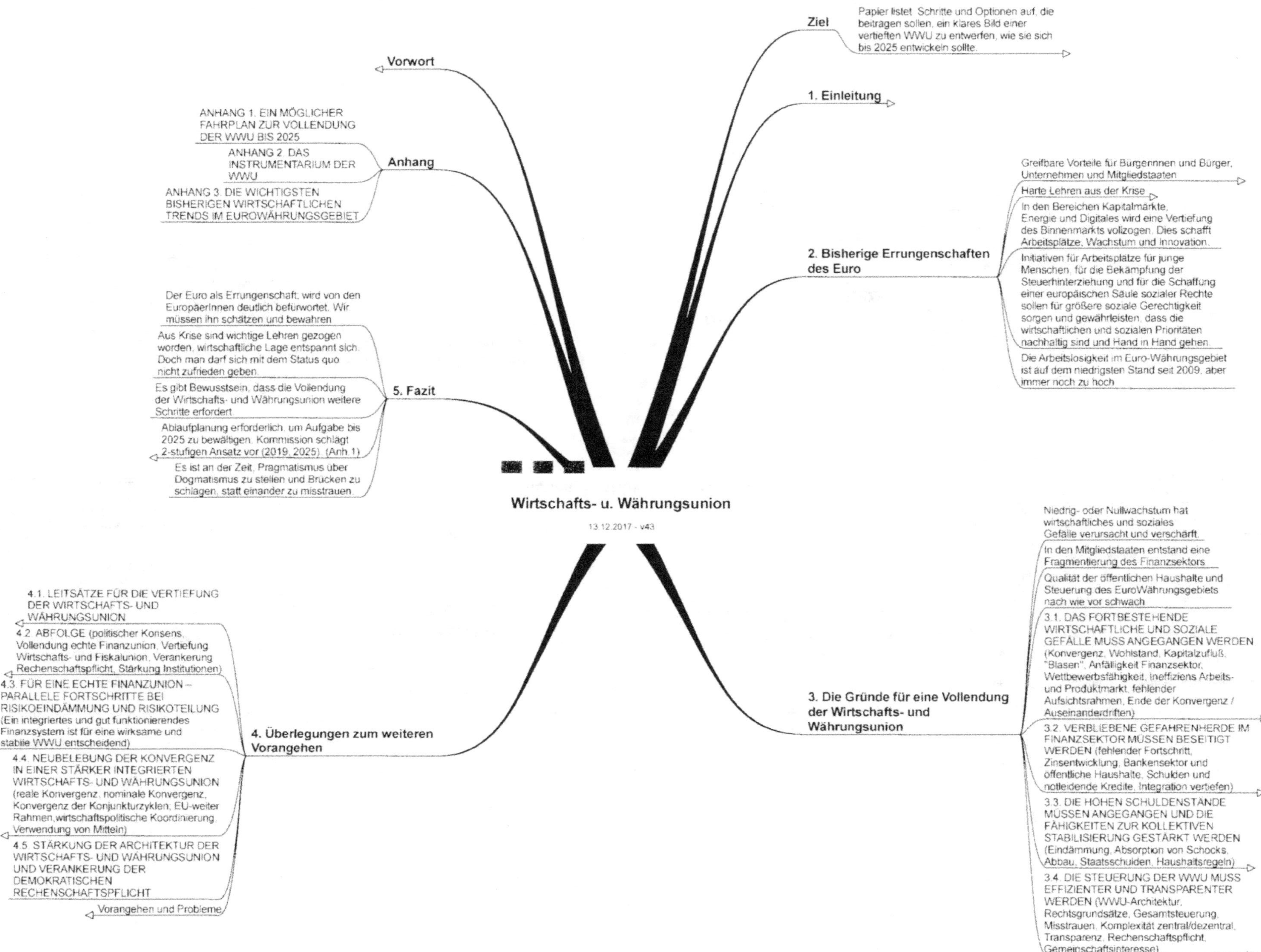

Wirtschafts- u. Währungsunion
13.12.2017 - v43

Ziel
Papier listet Schritte und Optionen auf, die beitragen sollen, ein klares Bild einer vertieften WWU zu entwerfen, wie sie sich bis 2025 entwickeln sollte.

Vorwort

1. Einleitung

2. Bisherige Errungenschaften des Euro
Greifbare Vorteile für Bürgerinnen und Bürger, Unternehmen und Mitgliedstaaten
Harte Lehren aus der Krise
In den Bereichen Kapitalmärkte, Energie und Digitales wird eine Vertiefung des Binnenmarkts vollzogen. Dies schafft Arbeitsplätze, Wachstum und Innovation.
Initiativen für Arbeitsplätze für junge Menschen, für die Bekämpfung der Steuerhinterziehung und für die Schaffung einer europäischen Säule sozialer Rechte sollen für größere soziale Gerechtigkeit sorgen und gewährleisten, dass die wirtschaftlichen und sozialen Prioritäten nachhaltig sind und Hand in Hand gehen.
Die Arbeitslosigkeit im Euro-Währungsgebiet ist auf dem niedrigsten Stand seit 2009, aber immer noch zu hoch

3. Die Gründe für eine Vollendung der Wirtschafts- und Währungsunion
Niedrig- oder Nullwachstum hat wirtschaftliches und soziales Gefälle verursacht und verschärft
In den Mitgliedstaaten entstand eine Fragmentierung des Finanzsektors
Qualität der öffentlichen Haushalte und Steuerung des EuroWährungsgebiets nach wie vor schwach
3.1. DAS FORTBESTEHENDE WIRTSCHAFTLICHE UND SOZIALE GEFÄLLE MUSS ANGEGANGEN WERDEN (Konvergenz, Wohlstand, Kapitalzufluß, "Blasen", Anfälligkeit Finanzsektor, Wettbewerbsfähigkeit, Ineffizienz Arbeits- und Produktmarkt, fehlender Aufsichtsrahmen, Ende der Konvergenz / Auseinanderdriften)
3.2. VERBLIEBENE GEFAHRENHERDE IM FINANZSEKTOR MÜSSEN BESEITIGT WERDEN (fehlender Fortschritt, Zinsentwicklung, Bankensektor und öffentliche Haushalte, Schulden und notleidende Kredite, Integration vertiefen)
3.3. DIE HOHEN SCHULDENSTÄNDE MÜSSEN ANGEGANGEN UND DIE FÄHIGKEITEN ZUR KOLLEKTIVEN STABILISIERUNG GESTÄRKT WERDEN (Eindämmung, Absorption von Schocks, Abbau, Staatsschulden, Haushaltsregeln)
3.4. DIE STEUERUNG DER WWU MUSS EFFIZIENTER UND TRANSPARENTER WERDEN (WWU-Architektur, Rechtsgrundsätze, Gesamtsteuerung, Misstrauen, Komplexität zentral/dezentral, Transparenz, Rechenschaftspflicht, Gemeinschaftsinteresse)

4. Überlegungen zum weiteren Vorangehen
4.1. LEITSÄTZE FÜR DIE VERTIEFUNG DER WIRTSCHAFTS- UND WÄHRUNGSUNION
4.2. ABFOLGE (politischer Konsens, Vollendung echte Finanzunion, Vertiefung Wirtschafts- und Fiskalunion, Verankerung Rechenschaftspflicht, Stärkung Institutionen)
4.3. FÜR EINE ECHTE FINANZUNION – PARALLELE FORTSCHRITTE BEI RISIKOEINDÄMMUNG UND RISIKOTEILUNG (Ein integriertes und gut funktionierendes Finanzsystem ist für eine wirksame und stabile WWU entscheidend)
4.4. NEUBELEBUNG DER KONVERGENZ IN EINER STÄRKER INTEGRIERTEN WIRTSCHAFTS- UND WÄHRUNGSUNION (reale Konvergenz, nominale Konvergenz, Konvergenz der Konjunkturzyklen, EU-weiter Rahmen, wirtschaftspolitische Koordinierung, Verwendung von Mitteln)
4.5. STÄRKUNG DER ARCHITEKTUR DER WIRTSCHAFTS- UND WÄHRUNGSUNION UND VERANKERUNG DER DEMOKRATISCHEN RECHENSCHAFTSPFLICHT
Vorangehen und Probleme

5. Fazit
Der Euro als Errungenschaft: wird von den EuropäerInnen deutlich befürwortet. Wir müssen ihn schätzen und bewahren
Aus Krise sind wichtige Lehren gezogen worden, wirtschaftliche Lage entspannt sich. Doch man darf sich mit dem Status quo nicht zufrieden geben.
Es gibt Bewusstsein, dass die Vollendung der Wirtschafts- und Währungsunion weitere Schritte erfordert
Ablaufplanung erforderlich, um Aufgabe bis 2025 zu bewältigen. Kommission schlägt 2-stufigen Ansatz vor (2019, 2025). (Anh.1)
Es ist an der Zeit, Pragmatismus über Dogmatismus zu stellen und Brücken zu schlagen, statt einander zu misstrauen.

Anhang
ANHANG 1. EIN MÖGLICHER FAHRPLAN ZUR VOLLENDUNG DER WWU BIS 2025
ANHANG 2. DAS INSTRUMENTARIUM DER WWU
ANHANG 3. DIE WICHTIGSTEN BISHERIGEN WIRTSCHAFTLICHEN TRENDS IM EUROWÄHRUNGSGEBIET

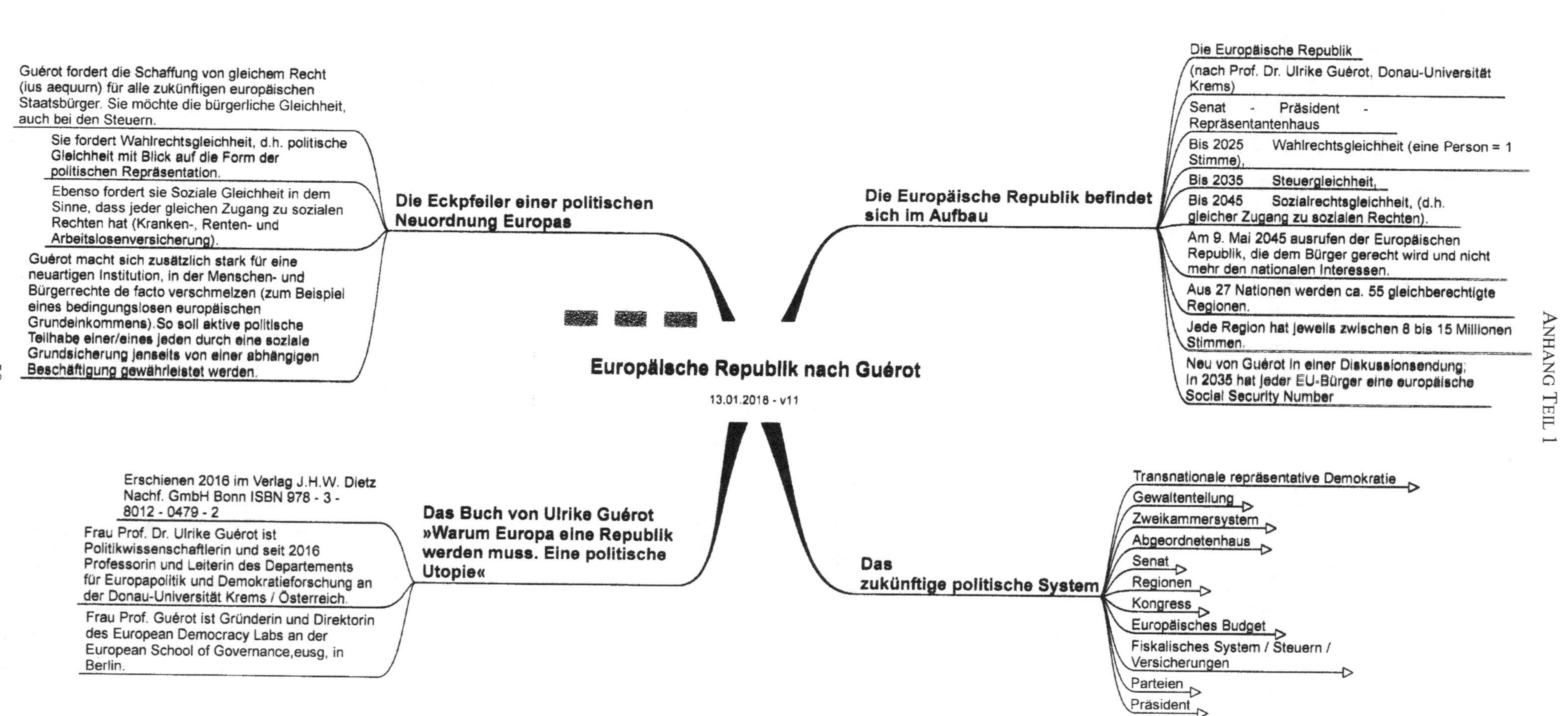
Europäische Republik nach Guérot
13.01.2018 - v11

Die Eckpfeiler einer politischen Neuordnung Europas

Guérot fordert die Schaffung von gleichem Recht (ius aequurn) für alle zukünftigen europäischen Staatsbürger. Sie möchte die bürgerliche Gleichheit, auch bei den Steuern.

Sie fordert Wahlrechtsgleichheit, d.h. politische Gleichheit mit Blick auf die Form der politischen Repräsentation.

Ebenso fordert sie Soziale Gleichheit in dem Sinne, dass jeder gleichen Zugang zu sozialen Rechten hat (Kranken-, Renten- und Arbeitslosenversicherung).

Guérot macht sich zusätzlich stark für eine neuartigen Institution, in der Menschen- und Bürgerrechte de facto verschmelzen (zum Beispiel eines bedingungslosen europäischen Grundeinkommens).So soll aktive politische Teilhabe einer/eines jeden durch eine soziale Grundsicherung jenseits von einer abhängigen Beschäftigung gewährleistet werden.

Die Europäische Republik befindet sich im Aufbau

Die Europäische Republik
(nach Prof. Dr. Ulrike Guérot, Donau-Universität Krems)
Senat - Präsident - Repräsentantenhaus
Bis 2025   Wahlrechtsgleichheit (eine Person = 1 Stimme),
Bis 2035   Steuergleichheit,
Bis 2045   Sozialrechtsgleichheit, (d.h. gleicher Zugang zu sozialen Rechten).
Am 9. Mai 2045 ausrufen der Europäischen Republik, die dem Bürger gerecht wird und nicht mehr den nationalen Interessen.
Aus 27 Nationen werden ca. 55 gleichberechtigte Regionen.
Jede Region hat jeweils zwischen 8 bis 15 Millionen Stimmen.
Neu von Guérot in einer Diskussionsendung; In 2035 hat jeder EU-Bürger eine europäische Social Security Number

Das zukünftige politische System
Transnationale repräsentative Demokratie
Gewaltenteilung
Zweikammersystem
Abgeordnetenhaus
Senat
Regionen
Kongress
Europäisches Budget
Fiskalisches System / Steuern / Versicherungen
Parteien
Präsident

Das Buch von Ulrike Guérot »Warum Europa eine Republik werden muss. Eine politische Utopie«

Erschienen 2016 im Verlag J.H.W. Dietz Nachf. GmbH Bonn ISBN 978 - 3 - 8012 - 0479 - 2

Frau Prof. Dr. Ulrike Guérot ist Politikwissenschaftlerin und seit 2016 Professorin und Leiterin des Departements für Europapolitik und Demokratieforschung an der Donau-Universität Krems / Österreich.

Frau Prof. Guérot ist Gründerin und Direktorin des European Democracy Labs an der European School of Governance,eusg, in Berlin.

EU-Kommission

Die europäische Säule sozialer Rechte in 20 Grundsätzen dargestellt

Zweck der europäischen Säule sozialer Rechte ist die **Bereitstellung neuer und wirksamerer Rechte für Bürgerinnen und Bürger**. Sie baut auf 20 Grundsätzen auf, welche in drei Kategorien eingeordnet sind:
- Chancengleichheit und Arbeitsmarktzugang
- Faire Arbeitsbedingungen
- Sozialschutz und soziale Inklusion

Kapitel I: Chancengleichheit und Arbeitsmarktzugang

1. Allgemeine und berufliche Bildung und lebenslanges Lernen
Jede Person hat das Recht auf allgemeine und berufliche Bildung und lebenslanges Lernen von hoher Qualität und in inklusiver Form, damit sie Kompetenzen bewahren und erwerben kann, die es ihr ermöglichen, vollständig am gesellschaftlichen Leben teilzuhaben und Übergänge auf dem Arbeitsmarkt erfolgreich zu bewältigen.

2. Gleichstellung der Geschlechter
Die Gleichbehandlung und Chancengleichheit von Frauen und Männern muss in allen Bereichen gewährleistet und gefördert werden; dies schließt die Erwerbsbeteiligung, die Beschäftigungsbedingungen und den beruflichen Aufstieg ein.
Frauen und Männer haben das Recht auf gleiches Entgelt für gleichwertige Arbeit.

3. Chancengleichheit
Unabhängig von Geschlecht, Rasse oder ethnischer Herkunft, Religion oder Weltanschauung, Behinderung, Alter oder sexueller Orientierung hat jede Person das Recht auf Gleichbehandlung und Chancengleichheit im Hinblick auf Beschäftigung, sozialen Schutz, Bildung und den Zugang zu öffentlich verfügbaren Gütern und Dienstleistungen. Die Chancengleichheit unterrepräsentierter Gruppen wird gefördert.

4. Aktive Unterstützung für Beschäftigung
Jede Person hat das Recht auf frühzeitige und bedarfsgerechte Unterstützung zur Verbesserung der Beschäftigungs- oder Selbständigkeitsaussichten. Dazu gehört das Recht auf Unterstützung bei der Arbeitssuche, bei Fortbildung und Umschulung. Jede Person hat das Recht, Ansprüche auf sozialen Schutz und Fortbildung bei beruflichen Übergängen zu übertragen.
Junge Menschen haben das Recht auf eine Weiterbildungsmaßnahme, einen Ausbildungsplatz, einen Praktikumsplatz oder ein qualitativ hochwertiges Beschäftigungsangebot innerhalb von vier Monaten, nachdem sie arbeitslos geworden sind oder ihre Ausbildung abgeschlossen haben.

Arbeitslose haben das Recht auf individuelle, fortlaufende und konsequente Unterstützung. Langzeitarbeitslose haben spätestens nach 18-monatiger Arbeitslosigkeit das Recht auf eine umfassende individuelle Bestandsaufnahme.

Kapitel II: Faire Arbeitsbedingungen

5. Sichere und anpassungsfähige Beschäftigung

Ungeachtet der Art und Dauer des Beschäftigungsverhältnisses haben Arbeitnehmerinnen und Arbeitnehmer das Recht auf faire und gleiche Behandlung im Hinblick auf Arbeitsbedingungen sowie den Zugang zu sozialem Schutz und Fortbildung. Der Übergang in eine unbefristete Beschäftigungsform wird gefördert.

Im Einklang mit der Gesetzgebung und Kollektiv- bzw. Tarifverträgen wird die notwendige Flexibilität für Arbeitgeber gewährleistet, damit sie sich schnell an sich verändernde wirtschaftliche Rahmenbedingungen anpassen können.

Innovative Arbeitsformen, die gute Arbeitsbedingungen sicherstellen, werden gefördert. Unternehmertum und Selbstständigkeit werden unterstützt. Die berufliche Mobilität wird erleichtert.

Beschäftigungsverhältnisse, die zu prekären Arbeitsbedingungen führen, werden unterbunden, unter anderem durch das Verbot des Missbrauchs atypischer Verträge. Probezeiten sollten eine angemessene Dauer nicht überschreiten.

6. Löhne und Gehälter

Arbeitnehmerinnen und Arbeitnehmer haben das Recht auf eine gerechte Entlohnung, die ihnen einen angemessenen Lebensstandard ermöglicht.

Es werden angemessene Mindestlöhne gewährleistet, die vor dem Hintergrund der nationalen wirtschaftlichen und sozialen Bedingungen den Bedürfnissen der Arbeitnehmerinnen und Arbeitnehmer und ihrer Familien gerecht werden; dabei werden der Zugang zu Beschäftigung und die Motivation, sich Arbeit zu suchen, gewahrt. Armut trotz Erwerbstätigkeit ist zu verhindern.

Alle Löhne und Gehälter werden gemäß den nationalen Verfahren und unter Wahrung der Tarifautonomie auf transparente und verlässliche Weise festgelegt.

7. Informationen über Beschäftigungsbedingungen und Kündigungsschutz

Arbeitnehmerinnen und Arbeitnehmer haben das Recht, am Beginn ihrer Beschäftigung schriftlich über ihre Rechte und Pflichten informiert zu werden, die sich aus dem Beschäftigungsverhältnis ergeben, auch in der Probezeit.

Bei jeder Kündigung haben Arbeitnehmerinnen und Arbeitnehmer das Recht, zuvor die Gründe zu erfahren, und das Recht auf eine angemessene Kündigungsfrist. Sie haben das Recht auf Zugang zu wirkungsvoller und unparteiischer Streitbeilegung und bei einer ungerechtfertigten Kündigung Anspruch auf Rechtsbehelfe einschließlich einer angemessenen Entschädigung.

8. Sozialer Dialog und Einbeziehung der Beschäftigten

Die Sozialpartner werden bei der Konzeption und Umsetzung der Wirtschafts-, Beschäftigungs- und Sozialpolitik gemäß den nationalen Verfahren angehört. Sie werden darin bestärkt, Kollektivverträge über sie betreffende Fragen auszuhandeln und zu schließen, und zwar unter Wahrung ihrer Autonomie und des Rechts auf Kollektivmaßnahmen. Wenn angebracht, werden Vereinbarungen zwischen den Sozialpartnern auf Unionsebene und auf Ebene der Mitgliedstaaten umgesetzt.

Arbeitnehmerinnen und Arbeitnehmer oder ihre Vertretungen haben das Recht auf rechtzeitige Unterrichtung und Anhörung in für sie relevanten Fragen, insbesondere beim Übergang, der Umstrukturierung und der Fusion von Unternehmen und bei Massenentlassungen.

Die Unterstützung für eine bessere Fähigkeit der Sozialpartner, den sozialen Dialog voranzubringen, wird gefördert.

9. Vereinbarkeit von Berufs- und Privatleben

Eltern und Menschen mit Betreuungs- oder Pflegepflichten haben das Recht auf angemessene Freistellungs- und flexible Arbeitszeitregelungen sowie Zugang zu Betreuungs- und Pflegediensten. Frauen und Männer haben gleichermaßen Zugang zu Sonderurlaub für Betreuungs- oder Pflegepflichten und werden darin bestärkt, dies auf ausgewogene Weise zu nutzen.

10. Gesundes, sicheres und geeignetes Arbeitsumfeld und Datenschutz

Arbeitnehmerinnen und Arbeitnehmer haben das Recht auf ein hohes Gesundheitsschutz- und Sicherheitsniveau bei der Arbeit.

Arbeitnehmerinnen und Arbeitnehmer haben das Recht auf ein Arbeitsumfeld, das ihren beruflichen Bedürfnissen entspricht und ihnen eine lange Teilnahme am Arbeitsmarkt ermöglicht.

Arbeitnehmerinnen und Arbeitnehmer haben das Recht auf den Schutz ihrer persönlichen Daten im Rahmen eines Beschäftigungsverhältnisses.

Kapitel III: Sozialschutz und soziale Inklusion

11. Betreuung und Unterstützung von Kindern

Kinder haben das Recht auf hochwertige, bezahlbare frühkindliche Bildung und Betreuung.

Kinder haben das Recht auf Schutz vor Armut. Kinder aus benachteiligten Verhältnissen haben das Recht auf besondere Maßnahmen zur Förderung der Chancengleichheit.

12. Sozialschutz

Unabhängig von Art und Dauer ihres Beschäftigungsverhältnisses haben Arbeitnehmerinnen und Arbeitnehmer und unter vergleichbaren Bedingungen Selbstständige das Recht auf angemessenen Sozialschutz.

13. Leistungen bei Arbeitslosigkeit

Arbeitslose haben das Recht auf angemessene Unterstützung öffentlicher Arbeitsverwaltungen bei der (Wieder-)eingliederung in den Arbeitsmarkt durch arbeitsmarktpolitische Maßnahmen und auf angemessene Leistungen von angemessener Dauer entsprechend ihren Beiträgen und den nationalen Bestimmungen zur Anspruchsberechtigung.

Diese Leistungen sollen die Empfänger nicht davon abhalten, schnell wieder in Beschäftigung zurückzukehren.

14. Mindesteinkommen

Jede Person, die nicht über ausreichende Mittel verfügt, hat in jedem Lebensabschnitt das Recht auf angemessene Mindesteinkommensleistungen, die ein würdevolles Leben ermöglichen, und einen wirksamen Zugang zu dafür erforderlichen Gütern und Dienstleistungen. Für diejenigen, die in der Lage sind zu arbeiten, sollten Mindesteinkommensleistungen mit Anreizen zur (Wieder-)eingliederung in den Arbeitsmarkt kombiniert werden.

15. Alterseinkünfte und Ruhegehälter

Arbeitnehmerinnen und Arbeitnehmer und Selbstständige im Ruhestand haben das Recht auf ein Ruhegehalt, das ihren Beiträgen entspricht und ein angemessenes Einkommen sicherstellt. Frauen und Männer sind gleichberechtigt beim Erwerb von Ruhegehaltsansprüchen. Jeder Mensch im Alter hat das Recht auf Mittel, die ein würdevolles Leben sicherstellen.

16. Gesundheitsversorgung

Jede Person hat das Recht auf rechtzeitige, hochwertige und bezahlbare Gesundheitsvorsorge und Heilbehandlung.

17. Inklusion von Menschen mit Behinderungen

Menschen mit Behinderungen haben das Recht auf Einkommensbeihilfen, die ein würdevolles Leben sicherstellen, Dienstleistungen, die ihnen Teilhabe am Arbeitsmarkt und am gesellschaftlichen Leben ermöglichen, und ein an ihre Bedürfnisse angepasstes Arbeitsumfeld.

18. Langzeitpflege

Jede Person hat das Recht auf bezahlbare und hochwertige Langzeitpflegedienste, insbesondere häusliche Pflege und wohnortnahe Dienstleistungen.

19. Wohnraum und Hilfe für Wohnungslose

a. Hilfsbedürftigen wird Zugang zu Sozialwohnungen oder Unterstützung bei der Wohnraumbeschaffung von guter Qualität gewährt.
b. Sozial schwache Personen haben das Recht auf angemessene Hilfe und Schutz gegen Zwangsräumungen.
c. Wohnungslosen werden angemessene Unterkünfte und Dienste bereitgestellt, um ihre soziale Inklusion zu fördern.

20. Zugang zu essenziellen Dienstleistungen

Jede Person hat das Recht auf den Zugang zu essenziellen Dienstleistungen wie Wasser -, Sanitär- und Energieversorgung, Verkehr, Finanzdienste und digitale Kommunikation. Hilfsbedürftigen wird Unterstützung für den Zugang zu diesen Dienstleistungen gewährt.

Bundestags-Petition Nr. 73232

Die Petition Nr. 73232 an den Bundestag ist eine Initiative der Jungen Europäischen Bewegung Berlin-Brandenburg, Sophienstaße 28/29, 10178 Berlin, Vorsitzende Sophia Simon, und wurde eingereicht am 22.8.2017 von Katja Sinko.

Die Kurzfassung der Petition wird auf dieser Seite, die Langfassung auf den nächsten beiden Seiten abgedruckt.

Bundestag mach's europäisch - Für mehr europäische Demokratie!

Wir fordern den Deutschen Bundestag auf, seinen europapolitischen Einfluss und seine Gestaltungsmöglichkeiten zur Sicherung und Stärkung europäischer Demokratie in der 19. Legislaturperiode intensiv zu nutzen. Dazu sollen die Abgeordneten der Bundesregierung entsprechende Vorgaben machen. Konkret fordern wir ein entschiedenes Engagement in den Bereichen Wahlrecht, Reform der EU-Institutionen, Sicherung von Demokratie und Rechtsstaatlichkeit sowie Transparenz.
Europäisches Wahlrecht stärken!

Wir fordern den Deutschen Bundestag auf...

1. Kommissionspräsidentschaft durch Bürgerinnen und Bürger bestimmen
... sich für eine feste Verankerung der EU-weiten Spitzenkandidatinnen und Spitzenkandidaten im europäischen Wahlrecht einzusetzen. Zukünftig soll jede europäische Partei vor der Europawahl eine Kandidatin oder einen Kandidaten für die Kommissionspräsidentschaft nominieren. Dann können wir Bürgerinnen und Bürger durch unsere Stimme mitentscheiden, wer die Kommission anführt.

2. Eine europäische Zweitstimme für die Europawahl
... sich dafür einzusetzen, dass die durch den Brexit frei werdenden 73 Sitze der britischen Abgeordneten aus dem Europäischen Parlament in einer europaweiten Wahl vergeben werden. Alle wahlberechtigten Europäerinnen und Europäer sollen dabei eine gleichwertige Stimme haben. Dies soll ausdrücklich zukunftsweisend für künftige Europawahlen sein.

3. Jede Stimme soll gleich viel zählen
... langfristig darauf hinzuwirken, das Prinzip der Stimmgleichheit für die Europawahlen vollständig durchzusetzen.
Europäische Institutionen demokratischer und effektiver gestalten!
Ein Europa ohne Demokratie und Rechtsstaat – Nicht mit uns!
Europa braucht mehr Transparenz, jetzt!

Es folgt die Langfassung der Petition auf den nächsten beiden Seiten.

Europäisches Wahlrecht stärken!

Wir fordern den Deutschen Bundestag auf…

1. Kommissionspräsidentschaft durch Bürgerinnen und Bürger bestimmen

… sich für eine feste Verankerung der EU-weiten Spitzenkandidatinnen und Spitzenkandidaten im europäischen Wahlrecht einzusetzen. Zukünftig soll jede europäische Partei vor der Europawahl eine Kandidatin oder einen Kandidaten für die Kommissionspräsidentschaft nominieren. Dann können wir Bürgerinnen und Bürger durch unsere Stimme mitentscheiden, wer die Kommission anführt.

2. Eine europäische Zweitstimme für die Europawahl

… sich dafür einzusetzen, dass die durch den Brexit frei werdenden 73 Sitze der britischen Abgeordneten aus dem Europäischen Parlament in einer europaweiten Wahl vergeben werden. Alle wahlberechtigten Europäerinnen und Europäer sollen dabei eine gleichwertige Stimme haben. Dies soll ausdrücklich zukunftsweisend für künftige Europawahlen sein.

3. Jede Stimme soll gleich viel zählen

… langfristig darauf hinzuwirken, das Prinzip der Stimmgleichheit für die Europawahlen vollständig durchzusetzen

Europäische Institutionen demokratischer und effektiver gestalten!

Wir fordern den Deutschen Bundestag auf…

1. Initiativ- und volles Mitentscheidungsrecht für das Europäische Parlament

… sich dafür einzusetzen, dass das Europäische Parlament mit einem Initiativrecht ausgestattet wird und bei allen Gesetzgebungsverfahren mit dem Rat gleichberechtigt mitentscheiden kann.

2. Mehr Demokratie bei der Wahl der EU-Kommission

… sich dafür einzusetzen, dass die Kommissarinnen und Kommissare künftig allein durch das Europäische Parlament gewählt werden – ohne Einmischung der nationalen Regierungen. Außerdem soll das Parlament die Kommission durch ein konstruktives Misstrauensvotum mit absoluter Mehrheit der Abgeordneten entlassen können.

3. Ein Parlament, ein Sitz

… sich für die Verlegung aller Aktivitäten des Europäischen Parlaments an einen Ort einzusetzen, um die doppelte Parlamentsführung in Brüssel und Straßburg zu vermeiden. Diesen alleinigen Arbeitsort soll das Parlament selbst bestimmen.

4. Die Europäische Bürgerinitiative weiterentwickeln

… dafür einzutreten, dass die Europäische Bürgerinitiative (EBI) zu einem Instrument verbindlicher Teilhabe der Bürgerinnen und Bürger an europäischen Entscheidungen weiterentwickelt wird.

Ein Europa ohneDemokratie und Rechtsstaat – nicht mit uns!

Wir fordern den Deutschen Bundestag auf…

1. Sanktionsmöglichkeiten für den Europäischen Gerichtshof

… dafür einzutreten, dass Standards für Demokratie und Rechtsstaat in allen EU-Mitgliedstaaten gewährleistet sind. Die Entscheidung über Sanktionen (bis hin zum Stimmrechtsentzug) soll nicht allein in der Runde der Staats- und Regierungschefs getroffen werden. Auch der Europäische Gerichtshof soll bei Verletzungen der Grundwerte der EU Sanktionen gegen Mitgliedstaaten verhängen können.

2. Europäische Zivilgesellschaften stärken …

dafür einzutreten, dass durch geeignete Programme die Handlungsfähigkeit der Zivilgesellschaft in den EUMitgliedstaaten gestärkt wird. Zivilgesellschaftliches Engagement ist ein Eckpfeiler für die Demokratie und den Rechtsstaat in jedem Land.

3. Europäische Grundwerte in den europäischen Parteien durchsetzen

... alle im Bundestag vertretenen Parteien dazu aufzufordern, innerhalb ihrer europäischen Parteifamilien für die Durchsetzung der gemeinsamen europäischen Grundwerte zu sorgen. Es kann nicht sein, dass eine enge Kooperation mit Parteien gepflegt wird, die europäische Grundrechte missachten.

Europa braucht mehr Transparenz, jetzt!

Wir fordern den Deutschen Bundestag auf...

1. Live-Streaming aller Ratssitzungen

... darauf hinzuwirken, dass alle Sitzungen des Europäischen Rats, des Ministerrats und aller anderen zwischenstaatlichen EU-Gremien (wie der Euro-Gruppe) im Internet live übertragen und die offiziellen Protokolle dieser Sitzungen veröffentlicht werden.

2. Ein verpflichtendes Lobbyregister

... sich für ein verpflichtendes Lobbyregister für alle EU-Institutionen und für ein Verzeichnis aller Treffen von Lobbyisten mit EU-Vertretern einzusetzen.

3. Offenlegung von Verhandlungsmandaten

... sich dafür einzusetzen, dass die Mandate für die Aushandlung von Freihandels- und anderen internationalen Abkommen der EU veröffentlicht werden und in jedem Schritt der Verhandlungen volle Transparenz gewährleistet ist.

66

Ortskonvent Vorgeschichte

01. Februar 2017

Im Semester 2016/2017 lädt die Volkshochschule Wilhelmshaven, gemeinsam mit der Europa Union, Kreisverband Wilhelmshaven, zu einer Serie von vier WEBINARen zum Thema Europa ein.

Als WEBINAR wird einer Vortragsveranstaltung bezeichnet, die direkt über das Internet verbreitet und per Computer, Leinwand und Lautsprecher den Teilnehmern in einem Raum präsentiert wird. Es besteht dabei auch die Möglichkeit, mittels einer CHAT -Funktion über einen zentralen Moderator Fragen an die/den Referenten zu stellen.

Frau Professor Dr. Ulrike Guérot, Leiterin Departement für Europapolitik und Demokratieforschung an der Donau-Universität Krems, trägt am Abend des 1. Februar vor zum Thema

»Die Europäische Union - Res Publica Europaea?
Eine bürgernahe und demokratische Architektur Europas
für das 21. Jahrhundert«

Der Vortrag wird angekündigt mit folgendem Text:
Statt einen Abgesang auf Europa anzustimmen, entwirft Dr. Ulrike Guérot eine positive Utopie einer Europäischen Republik, die dem Gemeinwohl - res publica- verpflichtet ist. Dieser radikale Schritt sei nötig, da die Nationalstaaten die europäische Idee pervertieren und Europas BürgerInnen gegeneinander ausspielen. Die Brüsseler Trilogie aus Rat, Kommission und Parlament habe ausgedient. Es wird Zeit für ein grundlegendes Europa-Update. Der Entwurf einer 'nach-nationalen' Demokratie in Europa, ein Netzwerk aus Regionen und Städten, skizziert ein schützendes Dach einer Europäischen Republik, unter dem alle europäischen BürgerInnen politisch gleichgestellt sind.

Frau Prof. Guérots Vortrag liegt ihr 2016 herausgegebenes Buch zugrunde *»Warum Europa eine Republik werden muss! - Eine politische Utopie«*[1].

Am WEBINAR nehmen acht Personen teil. Über das WEBINAR wird von der Europa -Union, Kreisverband Wilhelmshaven, eine ausführliche Pressemitteilung erstellt.

---

1) siehe *»Verwendete Dokumente«* Seite 5

20. Februar 2017

Der Bericht über das WEBINAR wird von der Wilhelmshavener Zeitung veröffentlicht.

07. März 2017

Der Kreisverband Wilhelmshaven der Europa-Union Deutschland hält im Hotel Kaiser in Wilhelmshaven seine Jahreshauptversammlung ab. Es erging danach folgende Pressemitteilung (Auszug):

>*Die Zeit der Überzeugungsversuche für ein Vereintes Europa mittels ausgefeilter Powerpoint Vorträge in einem gemütlichen Umfeld einzelner Veranstaltungsräume ist vorbei. Diejenigen, die dieses Vereinte Europa wollen, müssen ihren Willen und ihre Überzeugung deutlich und wiederkehrend vor allem im öffentlichen Raum zeigen. Wir müssen hinaus auf die Straßen und Plätze. Wir müssen den Zögernden Mut machen, sich zu diesem Europa zu bekennen.« Mit diesem Strategiewechsel stimmte auf der Jahreshauptversammlung des Kreisverbandes Wilhelmshaven der Europa-Union Deutschland der Vorsitzende die anwesenden Mitglieder und Gäste auf die anstehende Diskussion zur Jahresplanung des Kreisverbandes ein. »Es werden erkennbar immer mehr Aktionen für ein vereintes Europa aus der Taufe gehoben. Im Juli letzten Jahres startete Finnland mit einer Aktion zum solidarischen Zeigen der Europa-Flagge auf öffentlichen Gebäuden. Und es gibt die bundesweite Aktion Europa retten: Wer, wenn nicht wir? Wann, wenn nicht jetzt?. Und in den Städten etabliert sich die Aktion Pulse of Europe, also Puls von Europa, so wie zum Beispiel in Wiesbaden oder in Göttingen. Wir hier in Wilhelmshaven sollten bereit sein, uns solchen Aktionen kurzfristig anzuschließen. Wir von der Europa-Union wollen die Verbindung zu solchen Aktionen herstellen und im Aktionsfall auch koordinieren.«*

27. März 2017

Johann Janßen, Wilhelmshaven, initiiert einen „Flashmob" anlässlich des 60. Jahrestages der Römischen Verträge. Die Wilhelmshavener Zeitung berichtet (siehe Dokument auf Seite 37).

09. April 2017

Die Europa Union KV Wilhelmshaven lädt ein zur sonntäglichen Veranstaltung »Pulse of Europe« in Oldenburg. Die Einladung erfolgt über den Verteiler der Europa-Union, die Wilhelmshavener Zeitung (siehe Dokument auf Seite 71) als auch die sozialen Medien des ASTA der Fachhochschule Wilhelmshaven. Auch Fahrgemeinschaften werden angeboten. Es nehmen 3 Personen an der Veranstaltung in Oldenburg teil.

05. Mai 2017

Der Kreisverband der Europa-Union Wilhelmshaven führt einen Empfang zum Europa-Tag 2017 im Wattenmeerhaus Wilhelmshaven von 11 bis 12:30 Uhr durch. Der Empfang steht unter dem Thema

»Visionen für Europa«

Der Ankündigungstext lautet:

Ob Brexit oder Schuldenkrise: In manchen Fragen droht die EU derzeit auseinanderzudriften. EU-Kommissionspräsident Jean-Claude Juncker legte ein "Weißbuch" vor, das Optionen für die Ausrichtung Europas bis zum Jahr 2025 aufführt. Fünf "Szenarien" sind dabei genannt, die, wie Juncker sagt, weder erschöpfend sind noch sich gegenseitig ausschließen.

Die Tischrede hält zum Thema **»Das Weißbuch für Europa – Aktuelle Wege zur Wahrung der Einheit der 27«** *Frau Ulla Kalbfleisch – Kottsieper, Berlin, Ministerialdirigentin a.D. vom Rednerdienst TEAM EUROPE der Europäischen Kommission.*

Die Wilhelmshavener Zeitung bringt dazu einen Bericht (siehe Dokument auf Seite 72).

Auf diesem Empfang gibt der Kreisvorsitzende der Europa-Union, Jürgen Petersen, das mit dem Bereichsleiter Politik der Volkshochschule, Tim Tjettmers, abgestimmte politische Dialogformat eines Ortskonventes *»Wilhelmshaven für Europa«* erstmalig öffentlich bekannt.

06. Mai 2017

Die Wilhelmshavener Zeitung berichtet vom Empfang der Europa-Union im Wattenmeerhaus vom Vortag. (siehe Dokument auf Seite 72).
Die Grünen in Wilhelmshaven laden zu einer Aktion zum Europatag ein (siehe Dokument auf Seite 73) Die Wilhelmshavener Zeitung berichtet.

07. Mai 2017

Der Kreisvorsitzende der Europa-Union Wilhelmshaven versendet eine Pressemitteilung zum 9. Mai 2017, mit der er die Idee für einen lokalen Ortskonvent der Presse bekanntgibt. Es folgt ein Auszug:

„Wir brauchen einen Neuanfang, der den Bürgern vermittelt, dass die sozialen, arbeits-, währungs- und rechtspolitischen Fragen für ihr vereintes Europa neu angegangen werden, und nicht mehr in nationalen Alleingängen, sondern für alle Regionen, ohne einzelne zu benachteiligen. Dies ist so nicht mit den bislang von den Parteien festgelegten Programmen machbar, sondern nur über einen überparteilichen Dialog, der die unterschiedlichen Interessen ausgleicht," glaubt Petersen. „Ich denke, wir sind es unseren Kindern und Enkeln

schuldig, dass wir etwas Neues versuchen, dass wir uns als politisch engagierte Bürger zum Beispiel in einem >Ortskonvent Wilhelmshaven für Europa< zusammenfinden und schriftlich eine gemeinsame Plattform formulieren. Auf deren Basis zeigen wir Bürger dann den etablierten Funktionären, wo es nach unserer Meinung politisch mit Europa hingehen sollte. Und," teilt der Kreisvorsitzende weiter mit, „die Bereichsleitung der Volkshochschule Wilhelmshaven hat solch einer Vorgehensweise bereits ihre Unterstützung zugesagt. Sie würde dafür Räumlichkeiten und Moderation zur Verfügung stellen. Worauf warten wir also noch?"

09. Mai 2017

Die Wilhelmshavener Zeitung bringt die Pressemitteilung für den Ortskonvent am 09. Mai 2017 (siehe Dokument auf Seite 74).

19. Mai 2017

Der Bereichsleiter Politik der Volkshochschule, Tim Tjettmers, und der Kreisvorsitzende der Europa-Union Wilhelmshaven strukturieren und formulieren den Konvent-Prozess für das kommende VHS-Semester. Wegen der Überparteilichkeit wird entschieden, dass das Konvent-Format eine Veranstaltung der VHS ist und sich z.B. die Europa -Union nicht als Organisation, sondern lediglich wie jede andere möglich Gruppe, die sich für ein Vereintes Europa einsetzt, über die Teilnahme einzelner Bürger einbringt.

27. Juli 2017

Der Ortskonvent wird als überparteiliche Dialogplattform im Volkshochschulprogramm 2. Semester 2017 mit der Kursnummer 1721151 veröffentlicht als **»*Ortskonvent Wilhelmshaven für Europa - Vom Weißbuch der EU bis Professor Guérots Europäischer Republik«*.**

Die Beschreibung im Programmheft der VHS lautet:
Der Ortskonvent »Wilhelmshaven für Europa« ist ein überparteilicher Dialog zwischen politisch engagierten Bürgern, die sich an mehreren Abenden mit dem Weißbuchprozess der EU und den Visionen einer EU als Europäische Republik beschäftigen. Das Ergebnis ist eine schriftliche Plattform/Dokument, in der Wilhelmshavener ihre Zukunftsvorstellungen und ggf. Vision für ein vereintes Europa zusammentragen. Die Ergebnisse werden am Donnerstag, 01.02.2018 im Vortragsaal der Volkshochschule vorgestellt und zur Veröffentlichung und Weitergabe an Funktionäre/Gremien zur Verfügung gestellt.

Die Wilhelmshavener Zeitung gibt die neue Dialogform in ihrer Ausgabe vom 27.07.2017 bekannt.

Spontanes Bekenntnis zu Europa WZ 27.3.

GESELLSCHAFT Aufruf übers Netzwerk – Ode an die Freude 2017

WILHELMSHAVEN/SI – Zum 60. Jahrestag der Unterzeichnung der Römischen Verträge, mit denen die europäische Einigung begann, und als Bekenntnis zu einem einigen Europa trafen sich am Sonnabend Mittag eine Reihe von Menschen zu einem übers Internet initiierten „Flashmob" und zum Singen der Europa-Hymne, Schillers Ode an die Freude, die von Beethoven in seiner 9. Sinfonie vertont wurde.

Während das Publikum sang, machte eine Spontan-Band die Begleitmusik dazu: Dr. Wolfgang Müller, Saxofon, Wolfgang Eiben, Bass, Johann Janßen, Geige, ferner ein Trompeter und Heidi Otto mit der Mundharmonika.

„Europa bedeutet Frieden", meinte Dr. Günther Lotz, der sich dazugesellt hatte. „Europa ist nicht nur Bürokratie. Ohne ein einiges Europa hätten wir viel größere Probleme", ist er sich sicher.

„Wir wollen ein einiges Europa haben, wenngleich gern ein besseres", sagte Johann Janßen, der zu dem Treffen aufgerufen hatte. Zurück zu den Nationalstaaten, das sei für die heutigen Probleme nicht mehr die Lösung.

Auch Wolfgang Müller sieht in der Europäischen Gemeinschaft eine Voraussetzung für den Frieden. Wolfgang Eiben sagt, er könne sich ein Europa der Nationalstaaten wohl noch vorstellen. „Aber ich will es nicht." Er genieße heute die „grenzenlose" Reisefreiheit.

„Europa ist mein Ein und Alles", bekennt die Deutsch-Französin Anne Fleßner. Wichtig sei, dass man auch innerhalb Europas die verschiedenen Kulturen kenne und respektiere.

Einheit dagegen benötige man in den wirtschaftlichen und sozialen Verhältnissen. „Es sollte den Menschen überall in Europa gut gehen", so Fleßner. „Sonst entsteht in den Ländern wieder der Wunsch nach starken Führern."

Oben: Wilhelmshavener Zeitung vom 27. 03.2017

Öffentlich ein Zeichen für Europa setzen

WILHELMSHAVEN/MM – Seit mehreren Wochen versammeln sich sonntags von 14 bis 15 Uhr immer mehr Menschen in immer mehr Städten unter dem Weckruf „Pulse of Europe". Sie wollen öffentlich Zeichen setzen, dass das gemeinsame Europa Zukunft hat. Die Europa-Union Deutschland, Kreisverband Wilhelmshaven, lädt ein, am Sonntag, 9. April, gemeinsam an der Veranstaltung in Oldenburg von 14 bis 15 Uhr auf dem Julius-Mosen-Platz teilzunehmen. Der Kreisverband organisiert bei Bedarf Fahrgemeinschaften.

Fahrer und Mitfahrer treffen sich ab 12.45 auf dem Parkplatz der Jade Hochschule Wilhelmshaven an der Friedrich-Paffrath-Straße an der Europa-Flagge. Abfahrt nach Oldenburg ca. 13 Uhr.

Rechts: Wilhelmshavener Zeitung vom 07. 04.2017

Besonders die junge Generation ist gefordert

POLITIK Fünf Szenarien für Europa

WILHELMSHAVEN/SUR — Der JadeWeserPort, die Jadeallee oder die Sanierung der Kaiser-Wilhelm-Brücke: Nur drei von zahlreichen Projekten in Wilhelmshaven, die mit europäischen Fördergeldern möglich waren. In einem Vortrag referierte gestern im vollen Besuchersaal des Wattenmeerhauses am Südstrand die Ministerialdirigentin außer Dienst, Ulla Kalbfleisch-Kottsieper, nicht nur darüber, wie sich Europa auf eine Stadt wie Wilhelmshaven auswirkt, sondern auch über Visionen für Europa.

Eingeladen hatte der Kreisverband Wilhelmshaven der Europa-Union Deutschland anlässlich des Europatages am 5. Mai, mit dem an die Gründung des Europarates 1949 in London erinnert wird.

Kalbfleisch-Kottsieper hat 1990 unter anderem für die Bundesländer am Maastrichtvertrag mitgearbeitet und gab jetzt einen Einblick in das Anfang März von EU-Kommissionspräsident Jean-Claude Juncker vorgelegte sogenannte Weißbuch. In fünf Szenarien zeigt es Optionen für die Ausrichtung Europas bis ins Jahr 2025 auf. Eine gemeinsame Außen- und Verteidigungspolitik, Vertragstreue einzelner Länder und ein sozialeres Europa waren nur einige Punkte, die Kalbfleisch-Kottsieper in den Fokus ihres Vortrages stellte.

Da es immer noch genug unterschiedliche Interessen der Mitgliedsstaaten gebe, soll zum Beispiel das Szenario „Wer mehr will, tut mehr" es einzelnen Ländern erlauben, zusammen zu arbeiten, auch wenn das andere Staaten gar nicht wollen. „Es zeigt eine der Grundideen der EU. Den Respekt voreinander", so Kalbfleisch-Kottsieper.

Immer wieder erging dabei ihr Appell an die jungen Zuhörer. Geladen waren nämlich auch zwei Klassen der BBS I. „Sie müssen aktiv werden. Sie müssen entscheiden, in welchem Europa Sie leben wollen." Indirekt machte sie damit Werbung für die 2019 anstehende Wahl des Europaparlamentes.

Gerade im sich ändernden Wettbewerb und der sich verändernden Arbeitsplatzsituation, sei ein aktiver Umgang mit Europa wichtig.

Wilhelmshavener Zeitung vom 06. 05.2017

Grüne laden zum Europatag ein

POLITIK Am 9. Mai Aktionen pro Europa auf der Rambla

WILHELMSHAVEN/SI — Zum Europatag am Dienstag, 9. Mai, rufen Bündnis 90/Die Grünen in Wilhelmshaven zum Aktionstag „Still loving Europe, Wilhelmshaven liebt Europa" auf. Der Grünen-Kreisverband will auch in Wilhelmshaven ein klares Zeichen für Europa setzen.

„Wir sagen Ja zu Europa und Nein zum Nationalismus. Der populistischen Angstmacherei stellen wir Grüne ein Programm der Hoffnung und des Wandels entgegen", so die Vorsitzende Antje Kloster. Von 16 bis 18 Uhr wird die Aktion „Dein Handabdruck für Europa" auf der Rambla (Bahnhofstraße) stattfinden.

Begleitet wird die Aktion von Infoständen, wobei alle europafreundlichen Parteien und Organisationen eingeladen sind, sich zu beteiligen (Anmeldungen über den Vorstand der Grünen). Auch Musiker und Sangesfreudige sind willkommen, um die Europahymne anzustimmen.

Michael von den Berg, Vorsitzender des Grünen-Kreisverbandes: „Auch wir finden, dass nicht alles rund läuft in Europa. Das Scheitern einer gemeinsamen Antwort auf die Flüchtlingskrise, die Förderung von Atomkraft und die weitere Zulassung von Glyphosat – das alles finden wir falsch. Dennoch sind wir zutiefst überzeugt, dass nur ein demokratisches, soziales und ökologisches Europa die Herausforderungen der Zukunft meistern kann."

Der 9. Mai ist der Europatag der EU: Am 9. Mai 1950 unterbreitete Robert Schuman seinen Vorschlag, die Kohle- und Stahlindustrie in Frankreich und Deutschland einer gemeinsamen obersten Behörde zu unterstellen. Der Schuman-Plan gilt als Grundstein der heutigen EU.

Wilhelmshavener Zeitung vom 06. 05.2017

„Europas Zukunft liegt in unseren Händen"

POLITIK Europa-Union für Ortskonvent

WILHELMSHAVEN/SG – „Europa hat schon bessere Zeiten gesehen. Die Freude am Europatag lassen wir uns dennoch nicht nehmen." Das schreibt Jürgen Petersen, Kreisvorsitzender der Europa-Union, Kreisverband Wilhelmshaven, anlässlich des heutigen Europatages.

Er sei davon überzeugt, dass trotz der EU-Austrittsverhandlungen mit Großbritannien und dem beträchtlichen Zuspruch der französischen Bevölkerung für die rechtsextreme und EU-feindliche Politikerin Marine Le Pen nach wie vor die Mehrheit der europäischen Bürger ein vereintes Europa wolle – in Deutschland sogar eine deutliche Mehrheit.

„Wir haben unsere Zukunft selbst in der Hand und erst, wenn wir das vergessen, ist sie wirklich in Gefahr." Appelle politischer Funktionäre an die Bürger, dass jeder an Europa mitarbeiten solle, erwiesen sich als kraftlos. „Auch bei uns vor Ort würden zwar Gruppen und Parteien für ihre Idee von Europa werben, aber nur einzeln und für sich, so Petersen. Die Bürger hätten das Gefühl, dass die bisherige Politik zu den Krisen der EU geführt haben. „Wir brauchen einen Neuanfang, der den Bürgern vermittelt, dass die sozialen, arbeits-, währungs- und rechtspolitischen Fragen für ihr vereintes Europa neu angegangen werden, und nicht mehr in nationalen Alleingängen, sondern für alle Regionen, ohne Einzelne zu benachteiligen."

Dies sei nicht mit den bislang von den Parteien festgelegten Programmen machbar, sondern nur über einen überparteilichen Dialog, der die unterschiedlichen Interessen ausgleicht, sagt Petersen.

Engagierte Bürger sollten sich zusammenfinden

Dabei schwebt ihm vor, dass sich politisch engagierte Bürger zum Beispiel in einem Ortskonvent Wilhelmshaven für Europa zusammenfinden und schriftlich eine gemeinsame Plattform formulieren.

Der 9. Mai ist der Europatag der Europäischen Union. Am 9. Mai 1950 unterbreitete Frankreichs Außenminister Robert Schuman seinen Vorschlag, die Kohle- und Stahlindustrie in Frankreich und Deutschland einer gemeinsamen obersten Behörde zu unterstellen. Der Schuman-Plan gilt als Grundstein der heutigen EU.

Wilhelmshavener Zeitung vom 09. 05.2017

Konvent-Angaben / Statistik

Das jedem neuen Teilnehmer ausgehändigte Statistik-Formular / Datenblatt enthielt folgende Abfragen:

Ich nehme heute zum …. Mal an einer der Ortskonvent-Sitzungen teil.
Ich bin zwischen
16-25 Jahre   26-45 Jahre   46-55 Jahre   56-65 Jahre   66+ Jahre
Ich bin   m   /   w.
Ich bin berufstätig als …………………………
Ich bin Rentner / Pensionär und war von Beruf …………………………..
Ich bin Mitglied einer Partei   ja /   nein.
Ich bin Mitglied einer anderen politischen Gruppierung   ja /   nein
Ich habe ein politisches Ehrenamt / ein politisches Amt inne   ja / nein
Meine Motivation für den Ortskonvent ist: …………………………………………

Summierung der Einträge:
- Es wurden von 6 Teilnehmern 6 Datenblätter ausgefüllt.
- 1 Teilnehmer ist zwischen 26-45 Jahren, 1 Teilnehmer zwischen 56 und 65 Jahren, 4 Teilnehmer sind über 66 Jahre.
- 2 Teilnehmer sind weiblich, 4 Teilnehmer sind männlich.
- 1 Teilnehmer ist berufstätig., 5 Teilnehmer sind Rentner/Pensionäre.
- 3 Teilnehmer sind Mitglieder von Parteien.
- 1 Teilnehmer ist Mitglied von anderen politischen Gruppierungen.
- 1 Teilnehmer hat ein politisches Ehrenamt / politisches Amt inne.

Insgesamt haben sechs Bürgerinnen und Bürger an fünf Abenden am Ortskonvent teilgenommen und dadurch zu seinem Gelingen beigetragen. Aufgrund der geringen Teilnehmerzahl sind die Meinungen und Ergebnisse statistisch nicht signifikant. Sie sind aber dennoch in jeder einzelnen Stellungnahme und in der Gesamtheit der Meinungen eine Willensbekundung für den weiteren Ausbau der gegenwärtigen Europäischen Union zu einem *»Europa, das wir wollen«*.